표정, 몸짓, 행동에서 알 수 있는

106가지 강아지 마음

재미있고 쉽게 알 수 있는 반려견과의 소통 방법

감수 **후지이 사토시**
옮긴이 **다윤**
일러스트 **라쿠다**

일파소

표정, 몸짓, 행동에서 알 수 있는
106가지 강아지 마음
결정판

재미있고 쉽게 알 수 있는 반려견과의 소통 방법

시작하면서

"개는 인생 최고의 파트너"라는 영국 속담이 있다. 개를 인생의 동반자로 생각하는 사람이 점점 늘고 있다. 그러나 애견가가 늘어나는 반면, 개의 마음을 제대로 이해하고 있는 사람은 그만큼 늘지 않는 것 같은 생각이 들어 견딜 수 없다.

대부분의 견주는 개의 기분은 이해할 방법이 없기 때문에 더 이상 커뮤니케이션을 돈독히 하는 것은 무리라고 규정하고 포기해버리는 경우가 많다. 그러나 이것은 싸우기 전에 백기를 드는 것과 같다.

개와 소통하는 것은 분명 쉬운 일이 아니다. 그것은 개는 마음이나 욕구를 말로 표현할 수 없기 때문이지만, 그들은 온몸을 사용하거나 짖는 소리로 말하고 있다.

예를 들어 애완견이 짖기 시작하면 시끄럽다거나 쓸데없이 짖는다고 화내는 주인이 있다. 맨션이나 빽빽이 들어찬 아파트 같은 공동주택가에서 개를 키우는 경우가 많아 대수롭지 않게 짖는 소리에도 민원을 받는 경우가 드물지 않기 때문이다. 필요 이상으로 개짖는 소리에 신경질적으로 반응하게 되는 것도 이해가 된다.

하지만 개는 좋아서 짖고 있는 것이 아니다. 쓸데없이 짖는다고 생각하는 것은 견주나 사람의 생각일 뿐 그 뒷면에는 반드시 어떤 마음이나 주장이 숨어 있는 것이다. 개는 필요가 있어서 짖고 있으니 그것을 쓸데없이 짖는 것으로 규정해서는 안 된다.

우리 인간도 상대가 이해하지 못하면 이해할 때까지 주장을 되풀이한다. 개 역시 마찬가지여서 "멍! 멍!"하고 계속해서 짖는 것이다.

주인이 마음을 이해하고 제대로 대응하면 개는 납득하고 짖기를 그만둘 것이다. 나의 애완견이 무엇을 원하는지 이해한다면 이웃으로부터 민원이 들어오는 것을 걱정할 필요도 없어질 것이다.

또 하나, 개를 키울 때 주의해야 할 점은 주인에게 복종시키려는 마음을 확실히 가지는 것이다. 이런 이야기를 하면, 애완동물은 가족의 일원이기 때문에, '복종'이라는 말에 저항감이 생긴다고 반발하는 사람들이 적지 않을 것이다.

분명, 애완동물은 가족이나 마찬가지이다. 하지만 이 말을 오해해서 반려견을 지나치게 응석받이로 키우는 주인이 매우 많다. 반려견은 인형이나 장난감이 아니고 살아 있는 동물이다. 게다가 주종 관계를 중요시하는 동물이다.

어릴 때부터 제멋대로 행동하면서 자란 개는 자신이 이 집의 보스니까 무슨 짓을 해도 좋다고 착각해버린다. 보스니까 주인의 말은 듣지 않고 불만이 생기면 주인에게 공격적인 경우도 종종 있다.

"우리 집 개는 제멋대로여서 어찌할 도리가 없어……"라는 생각을 한다면 그렇게 만든 것은 주인 자신이라는 사실을 깨달아야 한다. 버릇없는 개를 그대로 두고 개에게서 손을 떼게 되면 서로 불행해지는 것이다.

개는 원래 리더를 따르는 동물이기 때문에 복종시키는 것을 가르쳐도 불만을 느끼지 않는다. 처음부터 제대로 가르치면 개도 자신의 처지를 납득, 안심하고 문제행동을 일으키지 않는다.

개는 인류 최고의 친구이다. 실제로 개와 인간의 관계는 1만 년 훨씬 이전부터 계속되고 있다. 오랜 인연이므로 개의 본능이나 심리는 이미 상당한 수준까지 연구되고 있다. 그러나 그 대부분은 전문 서적으로만 유통되었기에 그것이 애견인과 개와의 커뮤니케이션이 진행되지 못하는 이유 중의 하나라고 예전부터 생각하고 있었다.

이 책은 개를 키우는 사람이나 전문 사육사를 목표로 하는 사람들에게 도움을 주고 싶은 마음에서 준비했다. 이 책을 읽으면 지금까지의 접근 방법이 어디가 잘못되었는지, 이제부터 개에 대해서 어떻게 대응하면 좋을지가 손에 잡히듯 알 수 있을 것이다.

이 책이 주인과 반려견과의 멋진 커뮤니케이션에 도움이 되기를 바란다.

후지이 사토시

차례

시작하면서 • 5

제1장 몸짓으로 알 수 있는 개의 마음

몸짓 ❶ 꼬리를 흔들고 있다고 해서 정말 기뻐하는 것일까? • 16
몸짓 ❷ 꼬리를 위로 흔들고 있어도 그 방법에 따라 기분은 다양 • 18
몸짓 ❸ 꼬리를 아래로 흔드는 것은 진짜 기쁠 때 • 20
몸짓 ❹ 꼬리를 뒷다리 사이에 말고 있을 때는 무서워하고 있다는 사인 • 22
몸짓 ❺ 귀를 세우는 것은 위협의 사인 • 24
몸짓 ❻ 귀를 쓰러뜨리고 있는 것은 매우 긍정적이거나 부정의 사인 • 26
몸짓 ❼ 앞발을 들고 상하로 움직이는 것은 트러블을 피하고 싶다는 사인 • 28
몸짓 ❽ 누워서 배를 보이는 것은 최대한의 양보 • 30
몸짓 ❾ 몸을 부들부들 떨면 싫다는 표시 • 32
몸짓 ❿ 주인의 얼굴을 핥는 것은 본능, 그래도 습관이 되지 않도록 한다 • 34
몸짓 ⓫ 잔잔한 눈길로 바라보는 것은 무엇인가를 호소하는 중 • 36
몸짓 ⓬ 털을 곤두세운 것은 싸우겠다는 사인 • 38
몸짓 ⓭ 킁킁 냄새를 맡으며 주위를 도는 것은 화장실을 찾는 중 • 40
몸짓 ⓮ 앞발을 계속해서 핥는 것은 불안이나 스트레스의 표현 • 42
몸짓 ⓯ 개는 말을 이해하지 못하므로 항상 같은 말로 명령한다 • 44

몸짓 ⑯ 바로 신음하는 것은 자신의 서열이 위라는 권리의 주장 • 46
몸짓 ⑰ 달려드는 것은 기쁨의 표현이지만 습관이 되지 않도록 • 48
몸짓 ⑱ 턱을 바닥에 대고 자는 것은 몸을 지키기 위한 방어의 방법 • 50
몸짓 ⑲ 주인에게 엉덩이를 붙이면 안심하고 있다는 증거 • 52
몸짓 ⑳ 외면하는 것은 무척 기쁘거나 곤란할 때 • 54
몸짓 ㉑ 계단 앞에서 움직이지 않는 것은 절벽으로 보이기 때문 • 56
몸짓 ㉒ 텔레비전을 진지하게 시청하는데 내용을 알고 보는 것일까? • 58

제 2장 습관으로 알 수 있는 개의 마음

습관 ❶ 울부짖음은 무서운 것이 아니라 외로움의 표현 • 60
습관 ❷ 마당을 파헤치는 것은 야생 시대의 본능 • 62
습관 ❸ 똥을 먹더라도 화내지 말자 • 64
습관 ❹ 쓸데없이 짖는 것은 뭔가 필요하다는 표현 • 66
습관 ❺ 오줌을 찔끔 흘리는 것은 복종의 의미 • 68
습관 ❻ 주인에게 마운팅을 한다면 절대 용서하지 말 것 • 70
습관 ❼ 산책중에 다른 개에게 짖는 것은 사회성의 결여 • 72
습관 ❽ 초인종이 울릴때 짖는 것은 단순한 조건반사 • 74
습관 ❾ 배변 실패는 화장실 위치 문제 • 76
습관 ❿ 특정한 소리를 무서워하는 것은 트라우마일 가능성 • 78

습관 ⓫ 미아가 되어도 돌아올 수 있는 것은 생체자석과 후각 덕분 • 80
습관 ⓬ 어미 개가 새끼를 물고 으르렁거리는 것은 교육중 • 82
습관 ⓭ 다른 개의 오줌 냄새를 맡는 것은 상대의 강함을 살피는 중 • 84
습관 ⓮ 목욕 후 바닥을 뒹구는 것은 자신의 냄새를 되찾기 위해 • 86
습관 ⓯ 엉덩이 냄새를 맡는 것은 '안녕', '잘 부탁해'라는 인사 • 88
습관 ⓰ 식탁에 달려드는 버릇은 조르기에 응했기 때문 • 90
습관 ⓱ 쫓아가는 것은 개의 사냥 본능 • 92
습관 ⓲ 좁은 곳에 숨어 있을 때는 그냥 기다리기 • 94
습관 ⓳ 애완견에게 무시당하면 화내지 말고 안아주도록 • 96
습관 ⓴ 그루밍은 산책할 때마다 하는 것이 기본 • 98

제 3장 행동으로 알 수 있는 개의 마음

행동 ❶ 머리를 낮추고 꼬리를 칠 때는 놀자는 권유 • 100
행동 ❷ 원을 그리며 다가오는 것은 우호와 복종의 의사표시 • 102
행동 ❸ 달려들어 무는 것은 자신이 없다는 증거, 강아지때 버릇들지 못하게 • 104
행동 ❹ 아이 콘택트를 통해 주인을 보스로 인식시킨다 • 106
행동 ❺ 자신의 꼬리를 쫓아가는 것은 스트레스 해소를 위해 • 108
행동 ❻ 물건을 부수는 것은 산책과 교육 부족 • 110
행동 ❼ 산책할 때 목줄을 당기는 것은 자신이 보스라고 착각 • 112
행동 ❽ 공놀이를 해도 기뻐하지 않는 것은 공 색깔의 문제 • 114

행동 ❾ 실내에서 소변으로 마킹하는 것은 불안이 원인 •116
행동 ❿ 다른 개와 싸우는 것은 주인을 보호하기 위함 •118

행동 ⓫ 마당에서 키우는 개가 말을 듣지 않는 것은 외로움과 스트레스 때문 •120
행동 ⓬ 배변을 할 때 빙글빙글 도는 것은 적을 확인하는 중 •122
행동 ⓭ 산책중에 잡초를 먹고 싶어하는 것은 위장 상태가 나쁘기 때문 •124
행동 ⓮ 주인 곁에서 갑자기 떨어지는 것은 안심하고 있다는 증거 •126
행동 ⓯ 머리를 쓰다듬으려 할 때 물려고 대드는 것은 두려움 때문 •128

행동 ⓰ 앞발로 얼굴을 긁는 것은 불만, 뒷발은 만족이나 기쁨의 표현 •130
행동 ⓱ 주인의 몸에 다리를 얹는 것은 보스 의식 •132
행동 ⓲ 손의 냄새를 맡는 것은 조사, 핥는 것은 복종의 의미 •134
행동 ⓳ 먹이를 먹다가 으르렁거리는 것은 빼앗긴다고 생각하기 때문 •136
행동 ⓴ 집을 주어도 기뻐하지 않는 것은 너무 넓기 때문 •138

행동 ㉑ 여러 마리를 키우기 시작하면서 선배 개가 말을 듣지 않게 되는 경우 •140
행동 ㉒ 여러 마리를 키울 때 개들의 싸움에는 방관하는 자세로 •142
행동 ㉓ 잘 아는 사람에게도 으르렁거리는 것은 시력 때문 •144
행동 ㉔ 반려견의 가출은 사육 환경에 만족하지 못한다는 증거 •146
행동 ㉕ 먹이 주기는 반드시 보호자가 먹고 난 다음에 •148

제4장 개의 마음과 몸

- **마음과 몸 ①** 개의 침은 땀 대신, 더울수록 많아진다 • 150
- **마음과 몸 ②** 개가 필요로 하는 영양은 사람과는 전혀 다른 것 • 152
- **마음과 몸 ③** 우유를 맛있게 마시지만 설사를 하는 경우 • 154
- **마음과 몸 ④** 뭐든 맛있게 먹는 것은 맛에 둔하기 때문에? • 156
- **마음과 몸 ⑤** 양파 이외에 개가 먹어서는 안 되는 것들 • 158

- **마음과 몸 ⑥** 이런 것도 주면 안 된다? 개에게 위험한 의외의 식품들 • 160
- **마음과 몸 ⑦** 먹이의 양은 어떻게 정하면 좋을까? • 162
- **마음과 몸 ⑧** 개는 고양이 사료를 아주 좋아하지만 주지 않도록 • 164
- **마음과 몸 ⑨** 발톱을 바싹 깊이 깎으면 꼬리가 잘린 것만큼이나 고통 • 166
- **마음과 몸 ⑩** 입 냄새가 마음에 걸리면 치주질환을 체크 • 168

- **마음과 몸 ⑪** 슬픈 감정을 모르는 개가 눈물을 흘리는 것은 왜? • 170
- **마음과 몸 ⑫** 칭찬해도 기뻐하지 않는 것은 의미를 알지 못하기 때문 • 172
- **마음과 몸 ⑬** 무리하게 힘으로 가르치면 거세게 반발한다 • 174
- **마음과 몸 ⑭** 꼬리를 자르면 개의 기분을 알기 어려우므로 주의 • 176
- **마음과 몸 ⑮** 물고 있는 것을 강제로 빼앗으면 이식증에 걸릴 수도 • 178

마음과 몸 ⑯ 돌발성 공격은 예측할 수 없는 위험한 병 •180
마음과 몸 ⑰ 겁먹은 태도의 개는 인간에 대한 공포증 •182
마음과 몸 ⑱ 바우링걸이 없어도 울음소리로 애완견의 기분을 파악 •184
마음과 몸 ⑲ 함께 자동차로 여행을 하고 싶을 때는 매일 조금씩 적응시키기 •186
마음과 몸 ⑳ 구두나 슬리퍼를 좋아하는 것은 씹는 기분 때문 •188

마음과 몸 ㉑ 더위는 질색 열사병에 주의 •190
마음과 몸 ㉒ 개에게 옷을 입히면 정말 기뻐할까? •192
마음과 몸 ㉓ 개헤엄 모든 개가 다 할 수 있을까? •194
마음과 몸 ㉔ 개의 수명은 몸의 크기와 반비례, 소형견일수록 장수 •196
마음과 몸 ㉕ 개의 노화는 일곱 살 때부터 서서히 시작 •198

마음과 몸 ㉖ 광견병은 현재도 맹위를 떨치는 무서운 전염병 •200

제 5장 수컷과 암컷의 행동학

- **수컷과 암컷 ①** 수컷과 암컷 어느 쪽이 키우기 쉬울까? •202
- **수컷과 암컷 ②** 발정하는 암컷의 냄새를 맡으면 성격이 돌변하는 수컷들 •204
- **수컷과 암컷 ③** 생식기의 출혈은 발정기가 가깝다는 알림 •206
- **수컷과 암컷 ④** 교배한 것만으로는 불충분, 교미결합 확인 •208
- **수컷과 암컷 ⑤** 개의 임신 기간은 9주, 수정란 착상까지 세심한 주의 •210
- **수컷과 암컷 ⑥** 출산이 가까워지면 골판지 산실 만들기 •212
- **수컷과 암컷 ⑦** 입회인이 있어야 혈통서 발행 •214
- **수컷과 암컷 ⑧** 강아지를 고르는 간단한 성격 분별법 •216
- **수컷과 암컷 ⑨** 강아지를 데려오면 반드시 사회화 교육을 시킨다 •218
- **수컷과 암컷 ⑩** 반항기를 방치하면 자신을 보스로 착각 •220
- **수컷과 암컷 ⑪** 수컷 중성화수술의 장단점 •222
- **수컷과 암컷 ⑫** 암컷 중성화수술의 장단점 •224
- **수컷과 암컷 ⑬** 수컷이 한쪽 다리를 올리지 못하면 하반신 건강 이상 신호 •226

제1장

몸짓으로 알 수 있는 개의 마음

몸짓 1

꼬리를 흔들고 있다고 해서
정말 기뻐하는 것일까?

몸짓을 보고 개의 기분을 파악하자

개는 말을 할 수 없기 때문에 몸짓이나 행동으로 기분을 표현한다. 그래서 의사소통을 위해서는 개의 행동을 보고 기분을 파악해야 한다.

개를 키우는 사람 중에는 "애완견이 따라 주지 않는다", "전혀 말을 듣지 않는다"라는 불만을 이야기하는 경우가 적지 않다. 하지만 그것은 개가 표현하고 있는 기분과 사인을 주인이 정확하게 읽지 못하기 때문에 일어나는 것이다. "○○이기 때문에, 분명 △△일 것이다"라고 자신(인간)을 기준으로 생각했는데, 개의 마음은 정반대인 경우가 자주 있다.

예를 들면, "애완견이 꼬리를 흔들고 있다=기뻐하고 있다"라고 받아들이는 경우가 많지만 이것은 잘못된 생각이다. 좋아한다고 생각해서 손을 내밀었다가 물리는 사고가 일어나는 것은 애완견만의 잘못이 아니라 개의 마음을 이해하지 못한 사람의 책임도 있다. 개가 꼬리를 흔드는 것은 기본적으로 눈앞에 있는 사람이나 개, 물건 등에 흥미를 가지고 주시하고 있을 때이다. 반드시 우호적인 태도를 보이는 것만은 아니다.

처음 보는 사람이 집을 방문했을 때 꼬리를 흔들며 흥분한 기색으로 맞이해 주는 개도 있는데 그것은 "이 사람, 어쩐지 수상해. 적이 아닐

제 1 장 / 몸짓으로 알 수 있는 개의 마음

까?"라고 생각하고 있다는 증거이다. 그럴 때 환영하는 것으로 간주해 갑작스럽게 머리를 쓰다듬으려고 하면 개는 공격해오는 것으로 생각하고 점점 흥분 상태에 빠져 사람의 손을 물 수도 있으므로 주의해야 한다.

개가 온화하게 꼬리를 흔들때는 상대에게 복종함을 나타내는 표시이지만, 꼬리를 수직으로 세우고 짧고 강하게 흔드는 것은 상대를 경계하고 있다는 뜻이다. 특히 꼬리가 짧은 개들은 정확하게 구분하기가 어렵기 때문에 꼬리를 흔드는 개를 볼 때에는 우선 주의 깊게 살펴봐야 한다.

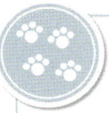 사람이 개와 함께 생활하기 시작한 것은 약 15000년 전. 당시에는 사람이 동굴에서 거주하고 있을 때라 개는 가장 오래된 기축이었다. 개는 유전적으로도 변이되기 쉬운 성질을 가지고 있어서 400종 이상의 품종이 있다고 한다.

몸짓 2

꼬리를 위로 흔들고 있어도
그 방법에 따라 기분은 다양

경계심은 꼬리를 흔드는 스피드와 비례한다

개의 기분은 꼬리가 어느 쪽을 향하고 있는지를 보면 대략 짐작할 수 있다. 예를 들어 위쪽으로 꼬리를 세우고 천천히 흔들면 자신만만할 때이다. "나는 위대하다!"라고 생각하고 있기 때문에 사람이 귀엽다고 머리나 배를 쓰다듬으려고 하면 "하위인 네가 무슨 짓이냐!"라고 반발하여 덥석 물릴 가능성이 있다. 단, 이때 덥석 물려고 하는 것은 "내 쪽이 더 우위이므로 그런 행동은 그만둬!"라는 사인을 상대에게 주려고 하는 것이므로 큰 부상을 입을 일은 없다.

같은 위쪽 방향이라도 꼬리를 가늘게 부지런히 흔들고 있을 때는 경계하고 있다는 뜻이다. 처음 보는 개가 꼬리를 흔들며 다가오면 이것은 환영하고 있는 것이 아니고 "내 세력 범위에 들어온 당신은 대체 누구냐?"라는 경계의 태도이다. 이런 때에 "귀여운 개구나! 이리와~"라며 손을 대는 것은 위험하다. 게다가, 이때 무는 것은 진심이기 때문에 상대가 소형견이라도 안심해서는 안 된다.

이처럼 개의 마음은 꼬리를 흔드는 속도로 어느 정도 알 수 있다. 좀 더 구체적으로 말하면 개의 경계심의 정도는 꼬리를 흔드는 속도와 비례한

다. 즉, 가늘게 벌벌 떨듯이 재빨리 꼬리를 흔들고 있을 때에는 상당히 경계심이 강하다는 의미이다. 다만, 점점 스윙이 느려지는 것은 경계심이 희미해지고 있다는 증거이므로 당신을 수용하려 한다고 생각해도 좋다.

그렇지만 개들도 각자의 성격이 있으므로 결코 한 행동에 대해 모두 똑같은 의미를 부여하지는 말자.

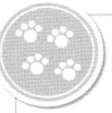
개의 꼬리는 조상인 늑대와 비교하면 짧아지고 작아지는 추세이다. 게다가 시바견 등의 여러 견종에서 꼬리가 위로 말려 올라가는 것을 볼 수 있다. 이는 야생 동물을 가축화했을 경우에 대표적으로 나타나는 현상으로, 멧돼지와 돼지의 경우도 마찬가지다.

몸짓 3

꼬리를 아래로 흔드는 것은
진짜 기쁠 때

입꼬리가 올라가는 것도 기쁨의 표현

개가 기쁜 마음을 나타낼 때 꼬리는 어떤 움직임을 할까? 먼저, 꼬리의 방향은 조금 아래로 향한다. 그리고 허리를 조금 낮추고 원을 그리듯 흔드는 것이 기쁠 때이다.

꼬리의 어디가 움직이고 있는지에 주목해보자. 기쁠 때, 또는 주인이나 다른 개와 친해지고 싶다고 생각할 때에는 밑둥에서 꼬리를 붕붕 흔들고 있을 것이다. 반대로 꼬리의 끝만 가늘게 흔들고 있을 때는 경계하고 있다는 증거이다. 꼬리가 비스듬히 아래를 향하고 있을 때는 접근하지 않도록 한다.

포상이나 간식을 주었을 때 다소 아래쪽으로 꼬리를 흔들면 이는 맛있는 것을 주어서 정말로 고맙고 감사하다는 의미이다. 이때 머리를 쓰다듬어 주면 개와 더욱 친해질 것이다. 이탈리아에서 발표된 연구 결과에 의하면, 기쁜 마음을 나타낼 때는 꼬리를 오른쪽으로 더 크게 흔든다고 한다. 인간의 경우 좌뇌가 감정을 담당하고 있어 얼굴의 오른쪽에서 본심을 보기가 더 쉬운 것처럼 개의 꼬리도 마찬가지다.

꼬리를 흔드는 것만으로는 구분하기가 어렵다 싶으면 개의 얼굴에 주

꼬리로 표현하는 기분

올라갔을 때

경계하고 있을 때
꼬리를 세우고 끝만 가늘게 흔든다.

가늘게 흔들 때

크게 흔들 때

기쁠 때
꼬리를 내리고 몸과 연결된 부분부터 흔든다. 입 꼬리가 올라가고 혀가 나온다.

내려갔을 때

목해보자. 사람들이 웃으면 입꼬리가 올라가는 것처럼 실은 개에게도 똑같이 일어난다. 정면에서 개의 얼굴을 보았을 때 입꼬리가 올라가서 웃는 것처럼 보였다면 그것은 기쁠 때이다. 입가가 느슨해져 혀가 나오는 것이 일반적이다. 또한 또렷한 목소리로 "왕!"하고 짖는 것도 기쁜 증거이다. 쓸데없이 짖는 것은 이웃에게 폐가 되지만 그때만은 꾸짖지 말고 용서해주자.

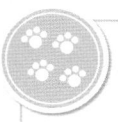

개의 꼬리에는 뼈가 있어서 다른 부분처럼 강하게 부딪히거나 뭔가에 끼이면 골절이나 탈구를 일으킨다. 너무 세게 잡아당기면 구부러지거나 움직이지 않는 경우도 있다. 특히 강아지의 꼬리뼈는 약하기 때문에 사소한 사고에도 장애가 남으니 주의해야 한다.

몸짓 4

꼬리를 뒷다리 사이에 말고 있을 때는 무서워하고 있다는 사인

시선의 높이를 개와 같이

싸움에 패배해서 도망치는 것을 보고 "꽁무니를 빼고 달아난다"라는 표현을 자주 쓰는데, 이는 개의 행동에서 생긴 말이다. 개가 꼬리를 뒷다리 사이에 숨기고 있을 때는 공포나 불안으로 무서워하는 것이며 좀더 관찰해보면 몸을 낮추고 등뼈도 말려 있다. 이때 개는 "당신에게 덤벼들 생각은 없으므로 더 이상 공격하지 마세요"라고 호소하고 있다. 추궁 당하고 있다고 느낄 것이므로 이런 태도를 보이면 더 이상 개에게 공포감을 주지 않도록 하자.

만약 이때 개에게 다가간다면 몸을 구부려 낮은 자세가 되게끔 한다. 시선의 높이를 개와 맞춤으로써 공포감을 줄여주는 것이다. 그리고 정면에 마주 앉지 말고 옆쪽이나 등을 보여줘서 모르는 척해주자. 말을 걸어 달래려고 하면 반대로 공포감이 늘어난다. 소형견이나 겁이 많은 개 등 싸움에 약한 개일수록 이런 몸짓이 잘 보인다. 개가 이런 행동을 보이면 재미있다고 끈질기게 치근거리는 사람이 있는데 "궁지에 몰리면 쥐가 고양이를 문다"라는 말처럼 개가 반격해올 수도 있다. 이때는 자신의 몸을 지키기 위한 필사적인 공격이기 때문에 위험할 수 있으니 아무쪼

록 궁지에 몰아넣지 말아야 한다.

또한 뒷다리 사이에 말려들게 할 정도는 아니지만 꼬리를 축 늘어뜨리고 힘없이 작게 천천히 흔들고 있을 때는 기분이 별로 좋지 않음을 나타낸다. 웅크린 채 밥을 먹지 않거나 작은 소리를 내는 경우는 몸의 어딘가에 통증이나 불쾌감이 있을 가능성이 있으므로 되도록 빨리 병원으로 데리고 간다.

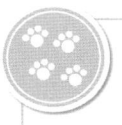 개는 인공적인 교배에 의해 다양한 색깔과 형태가 되었지만 입의 상하, 볼의 하반부, 어깨 뒤쪽으로는 조금 옅은 색이라는 공통적인 특징을 가지고 있다. 이것은 개들이 지위 확인을 위해 싸움을 하는 경우에 무는 목표가 된다.

몸짓 5

귀를 세우는 것은
위협의 사인

위험을 감지하는 경우도

자신의 의지로 귀를 움직이겠다는 사람이 가끔 있다. 이것은 귓바퀴 근육의 기능에 의한 것으로 퇴화하고는 있지만 본래는 누구나 가능한 일이었다. 못하는 사람은 단순히 움직이는 방법을 잊어버렸을 뿐이라고 한다. 반면, 인간 이외의 대부분의 동물은 이 귓바퀴 근육이 매우 잘 발달되어 있으며, 특히 개는 귀의 움직임이 자유롭다. 그 때문에 개의 귀에는 감정이 잘 나타난다.

온화한 표정으로 귀를 쫑긋 세우고 있을 때는 뭔가에 주목하고 있거나 주의를 기울이고 있음을 나타낸다. 비글이나 파렌처럼, 귀가 늘어진 개는 그 움직임을 파악하기 어렵지만 잘 관찰하면 평소보다 귀에 힘이 들어가 있고 움찔움찔 움직이는 것을 볼 수 있다. 이 상태에서 입꼬리가 올라가거나 입을 더 열고 혀를 내민 경우에는 "재미있을 것 같다"는 호기심을 드러낸 것이다.

반면에 귀를 앞쪽으로 약간 기울이고 이를 드러내거나 코나 입술에 주름이 생기는 경우는 위협을 느껴 자신의 존재를 과시하려는 것이다. 늘어진 귀의 개라도 귀에 힘이 들어가고 수평방향으로 조금 올라오게 된

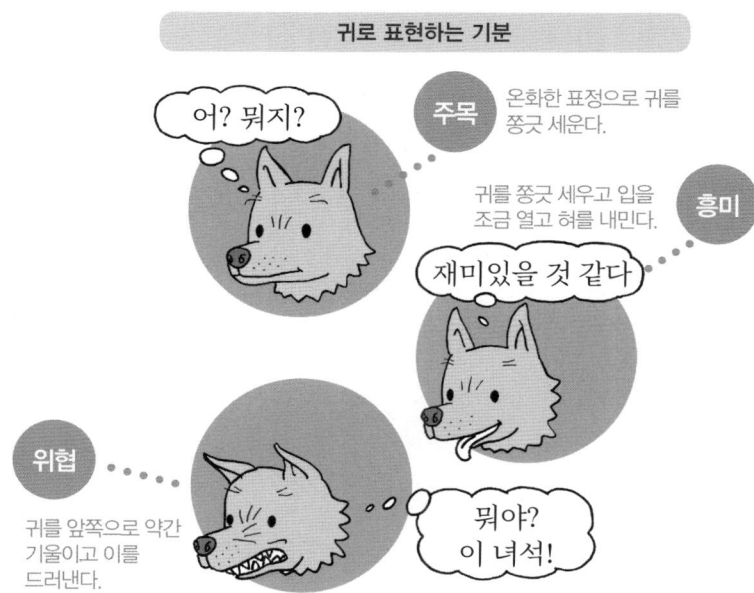

다. 이런 몸짓을 보였을 때는 개가 주목하고 있는 방향을 보고 그곳에 있는 것(마당에 들어온 고양이나 집안의 낯선 장식물 등)을 제거하면 안정된다.

개는 후각이 발달된 것으로 유명하지만 청각도 인간의 4~5배나 예민하다. 개와 생활하던 고대인들은 개의 귀 움직임을 보고 사냥감이 있는 방향을 알거나 위험을 감지했다고 하니 개가 우리보다 감각기관이 뛰어난 점을 잊지 말자.

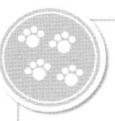 개의 귀는 인간과 똑같이 외이, 내이, 중이 세 부분으로 나뉜다. 단, 개의 청각 기능은 인간에 비해 4~5배나 된다. 게다가 개는 사람에게는 들리지 않는 2만 헤르츠(Hz) 이상의 초음파를 들을 수도 있다.

몸짓 6

귀를 쓰러뜨리고 있는 것은
매우 긍정적이거나 부정의 사인

복종인가 공포심인가

개의 귀가 뒤로 넘어가 있을 때는 여러 가지 의미에서 주의가 필요하다. 왜냐하면 아주 긍정이거나 아주 부정인 기분을 나타내기 때문이다. 이 사인을 제대로 읽지 못하면 개의 신뢰를 잃게 되므로 주의한다.

귀가 뒤로 넘어져 있어도 표정이 온화하고 이빨을 보이지 않고, 코에 주름도 생기지 않은 경우는 "당신에게 복종할 테니 사이좋게 지내자"라는 우호적인 태도이다. 상대를 존경하는 표정이므로 주인에게 이런 태도를 보인다면 교육을 잘하고 있다는 증거이다. 이때 꼬리를 좌우로 천천히 흔들거나 입꼬리가 올라가서 입을 조금 벌리고 있다면, 조심스럽게 "같이 놀자"고 유혹하고 있는 것이다. 개의 기분을 이해하고 있다는 것을 표현해주기 위해서라도 바쁘지 않다면 함께 놀아주자.

귀가 뒤로 넘어져 있어도 좌우로 밀어내고 있을 때에는 뭔가 수상해하거나 무서워서 방어적인 자세를 취한 것이다. 특히 개를 차에 태우려고 했을 때 이 태도를 보인다면 차에 타는 것을 거부한다는 의사표시이다. 이 상태에서 이빨을 드러내거나 코에 주름이 생기기 시작하면 개의 공포 수준이 상당히 높아진 것이므로 억지로 차에 태우려고 할 경우 공격

이빨을 보이거나 코에 주름이 생기기 시작하면 공포의 수준이 높다는 사인이다.

해올 수 있다.

  귀의 위치가 정해지지 않고 앞이나 뒤, 더 아래 등에 있을 때는 어떻게 하면 좋은지 생각하고 있는 중이니 개의 생각이 정리될 때까지 지켜보는 것이 좋다.

개의 청각이 인간보다 뛰어난 점은 주파수 영역만이 아니다. 어느 방향에서 소리가 났는지를 듣고 구별하는 능력도 우수해서 귀가 서 있는 개의 경우는 인간의 2배이며 32방향의 판별을 순식간에 할 수 있다. 귀 내부의 성능뿐만 아니라, 귀가 자유자재로 움직이는 것도 관계가 있다.

몸짓 7

앞발을 들고 상하로 움직이는 것은 트러블을 피하고 싶다는 사인

불안을 느꼈을 때의 몸짓

이러한 행동을 카밍 시그널이라고 부른다. 노르웨이의 투리드 루가스가 발견한 것으로, 개가 불안이나 스트레스를 느꼈을 때 스스로를 안정시키기 위해 하는 행동이다. 우리가 짜증났을 때 머리를 쥐어뜯거나 불안을 느꼈을 때 무의식적으로 팔짱을 끼는 것과 같다. 이 행동에 의해 다른 개나 주인과의 사이에서 일어나는 무익한 트러블(싸움 등)을 피하려고 하는 것이다.

예를 들면, 주인 이외의 사람이 목줄을 잡았을 때 이 몸짓을 보이는 일이 자주 있다. 손을 주고 있다고 착각하는 사람도 있지만 개는 "당신은 모르는 사람이기 때문에, 목줄을 잡혀 상당히 긴장이 된다. 하지만 나는 공격할 생각은 없다"라는 의사표시를 하고 있는 것이다. 이럴 때는 자세를 낮추고 머리를 살며시 쓰다듬어 보자.

앞발을 올린 채 인사를 하는 것처럼 천천히 목을 위아래로 움직이거나 좌우로 뛰었을 때는 놀아달라고 하는 것이다. 단, 이 목의 움직임이 빠른 경우는 눈앞에 있는 무엇이나 당신에게 공포심을 갖고 있다는 뜻이다. 이런 때는 조심성 없이 다가가면 공포감이 커져 공격할 가능성이 있으

니 목의 움직임을 신중하게 확인해야 한다.

또 앞발을 올린 채 움직이지 않을 때는 먹이와 적을 발견하고 극도로 긴장하고 있는 상태이다. 만약 개가 보고 있는 방향에 작은 새 등의 동물이 있다면 덤벼들기 전에 비키거나 "안 돼!"라고 확실하게 개에게 전한다.

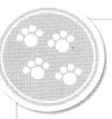 개는 기본적으로 놀기 좋아하지만 태어나서 4개월까지의 강아지는 어머니나 형제와 노는 정도로 충분한 운동량이 된다. 산책 등 야외 운동을 시키는 것은 4개월이 지난 뒤가 좋다. 처음에는 1일 1회, 시간은 10~15분부터 시작한다.

몸짓 8

누워서 배를 보이는 것은 최대한의 양보

완전한 복종을 표현하고 있다

개와 장난치고 있으면 바로 누워 배를 보여줄 때가 있다. 이런 경우 버릇이 좋다고는 말할 수 없지만 "당신을 아주 좋아해서 100% 신뢰하고 있다"라는 완전한 복종을 표현하는 포즈이기 때문에 마음에 안 들어도 "품위 없으니 그만해라!"라고 화내지 않는 것이 좋다.

개가 바로 누웠을 때의 모습을 조금 더 자세하게 살펴보자. 기쁜 듯한 표정을 했다면 "아주 좋아!"라는 마음. 그러나 외면하고 꼬리를 배 쪽에 말려들게 하고 있을 경우에는, 상당한 긴장 상태에 있는 것을 나타내고 있는 것이다. 이는 자신보다 강한 개나 큰 개와 마주쳤을 때 보이는 자세이다. 외면은 시선을 마주치지 않는 것으로 상대와의 긴장 상태를 억제하기 위해서이다. 그리고 꼬리를 배 쪽에 말려들게 하고 있는 것은 항복하므로, 공격하지 말라고 호소하고 있다는 증거이다.

개에 있어 최대의 약점은 부드러운 배이다. 배에는 털도 적어 덥석 달려들기라도 하면 치명상이 될 수 있다. 죽음을 당할 수도 있다는 각오로 배를 보임으로써 상대에게 최대한의 양보를 하고 있는 셈이다. 가끔 이 상태에서 오줌을 싸버리는 개도 있는데, 이것은 공포에 의한 것이 아니

라 강아지 때, 어미개가 서혜부(鼠蹊部)를 핥아주어 오줌을 싸던 습관이다. 즉, "나는 아이와 같으니 공격하지 마세요"라고 전하는 것이다.

더러는 배를 보여주고 있는데 가까이 다가가면 물려고 하는 애완견도 있다. 이는 상대를 방심시키는 일시적인 전술이다. 좋게 말하면 머리가 좋은 개, 나쁘게 말하면 약아빠진 개라고 할 수 있다. 이런 경우에는 무시한다.

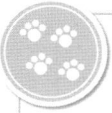 애완견이 배를 보였을 때에는 부드럽게 어루만져서 단단한 것이 없는지 확인한다. 남아프리카에서는 도베르만이 휴대전화를 삼켜버려 수술로 꺼낸 사건도 있었다. 개복 수술을 한 위에서 휴대전화 이외에 돌멩이도 나왔다고 한다.

몸짓 9

몸을 부들부들 떨면
싫다는 표시

"괜찮아"라고 말을 걸어주자

비에 젖지도 않았는데 애완견이 몸을 부들부들 떠는 경우가 있다. 어딘가 가려운 곳이라도 있는 것이라고 생각하지만 이 몸짓에도 중요한 사인이 숨어 있다. 예를 들면, 산책 도중에 안 좋았던 기억이 있는 쪽으로 목줄을 잡아당기려고 하면, 애완견이 몸을 부들부들 떠는 몸짓을 할 때가 있다. 이 몸짓은 "싫어, 그쪽으로는 가기 싫어!"라는 의사표시이다.

더 솔직하게 마음을 나타내고 막무가내로 움직이지 않는 개도 있는데 그러한 강한 의사표시를 하면 주인에게 혼날 것을 알고 있으며, 강아지 자신이 받는 스트레스도 강해진다. 거기서 이런 기묘한 몸짓으로 주인에게 살며시 "NO"라고 전하려 하는 것이다. 싫은 곳으로 끌려갈 것 때문에 긴장하고 있다면 "괜찮아" "걱정하지마"라고 안심시키는 말을 걸어준다. 그러면 긴장이 풀릴 것이다.

또 우리는 귀여워서 하는 행동이라고 해도 개 입장에서 보면 불쾌한 경우가 있다. 코가 젖어 있다고 해서 수건이나 휴지로 닦는 것. 개의 코가 축축해지는 것은 냄새의 분자를 흡착시키기 위한 것으로 말라 있으면 후각 기능이 크게 떨어진다. 당연히 개는 그만두라고 부들부들 몸을

개의 코가 축축해지는 것은 냄새의 분자를 흡착시키기 위한 것이므로 닦지 않는다

떨게 된다. 개가 싫어하는 일을 해버렸기 때문에 이럴 때는 만회하는 행동이 필요하다. 낮은 자세로 부드럽게 쓰다듬으며 "좋아, 잘했어", "장해"라고 칭찬해주면 좋다.

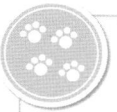 냄새를 느끼는 코 점막의 표면적은 인간이 약 4평방 센티미터(4㎠)인 것에 비해 개는 약 150평방센티미터(㎠)나 된다. 이것이 개의 후각이 좋은 이유이며 특히 자극적인 냄새에는 매우 민감하게 반응하여 인간의 1억 배 이상이나 되는 감도라고 한다.

몸짓 10

주인의 얼굴을 핥는 것은 본능
그래도 습관이 되지 않도록 한다

잘못된 학습을 시켜서는 안된다

반려견에게 집을 보게 하고 외출했다가 귀가하면 쏜살같이 달려와서 주인의 입 주위를 혀로 핥는 경우가 있다. 반가워 해주는 것은 고마우나 얼굴이 침으로 끈적끈적해져 기쁘지만은 않다. 얼굴을 핥는 것은 주인을 어미로 착각해 응석을 부리는 행동이다. 이때 쫓아버리거나 그만하라고 꾸짖으면 개는 자신을 사랑해 주지 않는 것으로 생각해서 실망하고, 오히려 사랑 받기 위해 더욱 얼굴을 핥으려고 한다.

그렇다고 "그래그래, 착하지~"라고 쓰다듬으며 받아줘서 응석받이로 키우면 개는 점점 흥분해서 마구 날뛰고, 말을 듣지 않게 된다. 더군다나 혀로 핥으면 주인이 기뻐한다고 잘못된 학습을 하여 얼굴을 핥는 것이 습관이 되어버린다. 이런 때는 "앉아!", "기다려!" 등의 명령을 해보자. 이것으로 흥분을 꽤 가라앉힐 수 있다. 그리고 안정되고 나면 머리나 등을 쓰다듬어준다. 이러한 습관을 들이면, 얼굴을 핥는 것을 주인이 기뻐하지 않는다고 인식한다.

그런데 개가 주인의 입 주위를 핥고 싶어하는 것은 늑대 때의 아쉬움이라고 한다. 새끼늑대가 어미의 입 주변을 핥으면, 어미는 한번 먹은 것

을 다시 토해낸다. 새끼는 이것을 먹고 성장한다. 즉, 입 주위를 핥는 것은 어미에게 식사를 조르는 것과 같다.

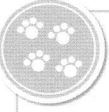
개를 '코로 보는 동물'이라고 말한다. 주인이 강한 향수를 쓰거나 남의 옷을 입고 있으면 애완견이 서먹서먹한 태도를 취하거나 공격할 수도 있다. 이는 눈보다 코에 의존해서 주위의 사물을 식별하고 있다는 증거다.

몸짓 11

잔잔한 눈길로 바라보는 것은 무엇인가를 호소하는 중

밥이나 산책을 기대하고 있다

개는 직선적인 시선이 지속되면 개와 인간 간이든 개끼리든 긴장하게 된다. 그렇기 때문에 개가 주인을 그런 눈길로 보는 경우는 없다. 하지만 혹시라도 애완견이 그런 행동을 보인다면 주인을 서열 아래로 보고 있거나 싸움을 걸고 있는 것이다 .

반대로 온화한 표정으로 주인을 응시하고 있을 때에는 다른 의미가 있다. 이때, 개는 무언가를 호소하고 있는 것이다. 만약 입에 놀이도구를 물고 있다면 놀아달라는 의미이고, 밥통을 물고 있으면 밥을 달라는 의미이며, 목줄이나 주인의 신발을 물어오면 산책하자는 의미이다. 그리고 힘없이 눈을 올려다보고 있을 때는 "컨디션이 좋지 않다"고 표현하는 것이다.

'아이 콘택트'는 상대의 반응을 기대해서 이용되는 시선으로 정식 심리학 용어이다. 이는 인간과 인간 사이에서만 해당되는 것이 아니다. 개도 뭔가를 기대해서 당신을 향해서 아이 콘택트를 하고 있는 것이다. 거기에 반응할 것인가 아닌가는 당신의 선택이지만 개의 마음을 이해할 수 있도록 평소 노력해보자.

제1장 / 몸짓으로 알 수 있는 개의 마음

놀아줘요
놀이 도구를 물고 있다.

밥 주세요
밥그릇을 물고 있다.

산책 가요
목줄이나 신발을 물고 있다.

컨디션이 좋지 않아요
힘없이 눈을 올려다 본다.

    덧붙이자면, 사람의 눈에는 감정이 잘 드러난다고 하는데 이는 개도 마찬가지이다. 개의 감정을 읽어낼 때의 포인트는 동공의 크기와 눈동자의 색깔이다. 동물이 흥분하면 아드레날린 분비가 촉진되어 심박수의 증가와 혈압상승, 동공산대 등이 일어난다. 따라서 동공이 커졌거나 눈동자가 평소보다 핏발이 서 있으면 흥분 상태이다. 이런 눈으로 쳐다본다면 주의해야 한다.

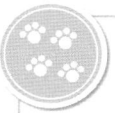 개가 계속 눈을 감고 있을 때는 눈에 뭔가 장애가 일어나고 있는 현상이다. 여러 마리를 기르고 있는 경우에는 서로 재롱부리면서 눈에 상처를 입혔을 가능성이 가장 높으며, 때로는 각막이 찢어져서 눈의 내용물이 나와 버리는 경우도 있다.

몸짓 12

털을 곤두세운 것은 싸우겠다는 사인

이런 모습의 개에게서는 빨리 멀어진다

개는 흥분이 고조되면 등골(허리)이나 목의 털을 곤두세운다. 이것은 개가 전쟁을 선포하는 것이나 다름없다. 털을 세움으로써 조금이라도 자신의 몸을 크게 보이게 하여 상대에게 위압감을 주려고 하는 것이다. 하지만 이것은 아직 전 단계로 흥분이 더 고조되면 꼬리의 털까지 곤두세운다. 이렇게 되면 일촉즉발의 사태로 언제 덤벼들지 알 수 없는 상태이기 때문에 산책 도중에 이런 모습을 보이면 흥분을 유발한 사람이나 개에게서 멀리 떨어뜨려 진정시켜야 한다.

특히 위험한 것은 꼬리를 쫑긋 세우고 다리를 곧게 펴고 서서 털을 곤두세우는 개이다. 주로 체력이 강한 개가 자신감을 보이는 태도로 "눈앞에서 빨리 사라져라!"라는 표시이다. 개가 이런 상태일 때 그대로 두면 덤벼들 가능성이 크다. 이와는 달리, 꼬리를 뒷다리 사이에 숨기고 허리를 당기면서 털을 곤두세우는 경우는 개가 스스로도 약세라고 느끼는 것이다. 위세는 부리지만 내심 도망치고 싶어한다. 그러니 얼른 자리를 피할 수 있도록 유도한다.

참고로, 개가 털을 세우는 것은 입모근(立毛筋)이라는 근육의 작용이

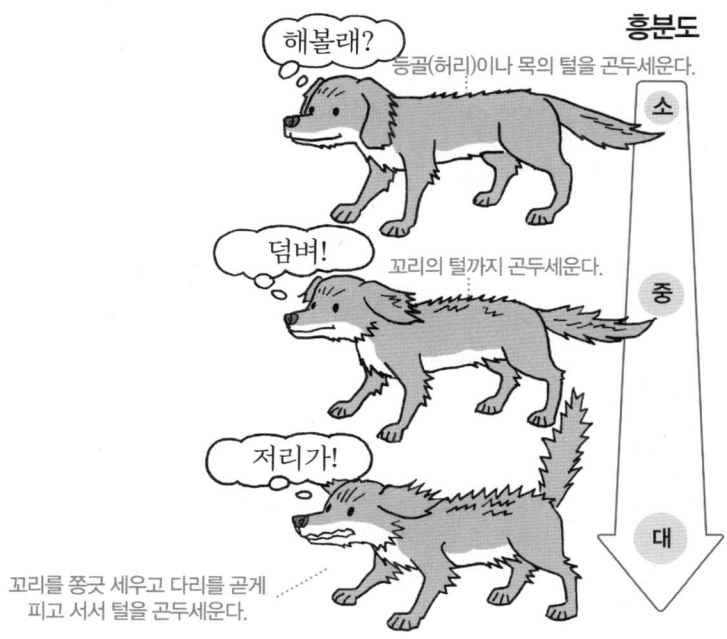

다. 개를 키우면 갑자기 온몸에서 비듬이 나오는 일이 있는데 이는 입모근의 작용으로 그동안 체모 속에 숨어 있던 비듬이 올라온 탓에 일어나는 것이다. 개의 비듬은 급격한 스트레스나 공포에 습격 당한 증거이다. 이럴 때 주인은 피부병일지도 모른다는 걱정에 동물병원을 찾는 경우가 많은데, 이는 주로 마음에 원인이 있다. 무서운 경험이나 싫어하는 일을 시키지 않았는지 다시 한 번 생각해 보길 바란다.

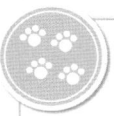 애완견의 비듬이 급격히 증가할 경우 알레르기를 일으키고 있는 경우도 있다. 개에게 가장 많은 알레르기는 벼룩 알레르기이다. 벼룩이 혈액을 빨아먹을 때 방출한 물질이 개의 체내에 들어가면서 일어나는데 전신의 가려움이나 짓무름, 비듬의 증가 등이 나타난다.

몸짓 13

킁킁 냄새를 맡으며 주위를 도는 것은
화장실을 찾는 중

화장실의 장소를 옮기면 요주의

개는 후각이 매우 예민하다는 것은 대부분의 사람이 이미 알고 있다. 그래서 개는 끊임없이 여기저기 냄새를 맡고 다닌다. 이는 자신의 세력범위를 확인하는 행위이기도 하다. 적이나 다른 개가 세력범위에 침입하지 않는지 필사적으로 확인하고 있는 것이다. 그렇지만 개를 한 마리만 키우고 있고 벌레 같은 것도 없으니 이대로 내버려둬도 된다고 생각하면 큰 오산이다. 적이 없는지를 확인한 개는 자신의 냄새를 묻히기 위해서 오줌을 싸기 때문이다.

즉, 애완견이 킁킁거리며 냄새를 맡아 돌기 시작하면 최대한 빨리 화장실로 데리고 가는 것이 좋다. 화장실을 따로 두고도 항상 같은 장소에서 소변을 보는 개가 있다. 그때마다 심하게 꾸짖고 열심히 바닥을 닦아내지만, 잠깐 눈을 떼면 곧바로 거기로 가려고 한다. 사람은 모르지만 개에게는 오줌 냄새가 나는 것이다. 이런 때는 탈취제나 표백제 등을 사용해서 바닥을 닦고, 거기에 개가 싫어하는 냄새의 스프레이 등을 뿌려 둔다. 이렇게 하면 포기하고 화장실에서 볼일을 볼 것이다.

특히, 화장실의 위치를 옮기거나 이사한 직후에는 어디에서 볼일을

마치면 좋은지 모르는 상태여서, 자신의 냄새가 남아 있는 곳에서 볼일을 보고 싶어하지 않는다. 이런 때는 다른 개의 오줌을 조금 묻힌 시트를 화장실에 놓아두면 좋다. 또한 개는 아주 어리거나 늙지 않는 한 실수하는 일은 거의 없다. 배변습관이 제대로 들지 않았다면 화가 나는 일은 없었는지 개의 마음이 되어서 살펴 보자.

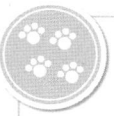

애완견이 빈뇨 상태가 된 경우에는 원인이 있다고 여겨야 한다. 어린 개의 경우에는 부적절한 식생활이 원인일 수도 있다. 수분이 많은 것을 지나치게 주면 당연히 화장실 가는 횟수가 많아진다. 늙은 개의 경우에는 전립선의 비대나 약의 부작용을 의심해봐야 한다.

몸짓 14

앞발을 계속해서 핥는 것은
불안이나 스트레스의 표현

마음을 달래주며 이완시킨다

개나 고양이는 자신의 몸을 혀로 핥으며 털이나 피부를 관리한다. 경우에 따라서는 기생충을 제거하거나 상처를 치료하기도 한다. 이 작업을 그루밍이라고 한다. 그루밍 자체는 정상적인 행동이지만, 앞다리나 특정 부위를 계속해서 핥는 것은 스트레스로 인한 이상행동이다. 이렇게 개가 몸의 일부만을 계속해서 핥는 것은 강한 불안이나 스트레스를 느끼고 있기 때문이다. 이유는 다양하지만 새로운 개를 키우게 되어 처음으로 가족의 주목이 그리로 향했을 때나 근처에서 공사가 시작되어 아침부터 밤까지 큰 소음이 들려 올 때 등으로 볼 수 있다.

개의 혀는 거슬거슬하기 때문에 같은 부위를 계속해서 핥으면 바로 털이 빠지고 염증의 일종인 육아종(肉芽腫)이 생길 수 있다. 게다가 이 행동은 괜찮아졌다가도 대수롭지 않은 일로 재발하기 쉬운 것이 특징이다. 개가 계속 핥는 부위에 붕대를 감아도 곧 물어 뜯어내버려서 효과가 없고, 엘리자베스 컬러(발을 핥지 못하도록 목 주위에 감는 셀룰로이드 등으로 만든 판자)를 씌우면 점점 스트레스와 불안이 강해지므로 권장할 수 없다.

이런 때는 개의 마음을 달래주며 이완시키는 것이 중요하다. 다리를

핥기 시작하면 "앉아!" "엎드려!" 등의 구령을 붙여서 그것을 따르게 한다. 그리고 잠시만 쉬었다가 다시 구령을 붙이는 것을 반복함으로써 다리를 핥는 것을 잊게 한다.

피부염이나 관절염을 앓고 있을 때도 환부를 핥기 때문에 만일을 위해 수의사의 진찰을 받아 두면 좋다. 스트레스의 원인을 찾고, 원인 대처 요법을 취하는 것이 중요하다.

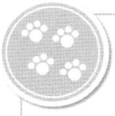

보통 건강한 개의 혀는 분홍색이지만, 때때로 청자색으로 변색되는 경우가 있다. 이는 강한 스트레스를 받았을 때에 일어나는 증상으로, 심한 천둥이 치거나 산책 도중에 큰 개한테 쫓겼을 때 등이다.

몸짓 15

개는 말을 이해하지 못하므로 항상 같은 말로 명령한다

중요한 것은 지시 방법

개를 키우기 시작해서 가장 먼저 가르치는 재주는 아마 "앉아!"일 것이다. 코를 누르거나 허리를 두드리면서 간신히 가르쳤을 텐데 말을 전혀 듣지 않을 때가 있다. 이런 때는 무심결에 정말 기억력이 나쁜 개라고 생각해버리지만 문제는 개가 아니고 보호자에게 있는 경우가 적지 않다.

  말은 인간만이 가지고 있는 커뮤니케이션 수단이다. 현명한 개는 상당히 많은 지시에 따를 수 있지만 사람이 하는 말의 의미를 정말로 이해하는 것은 아니다. 극단적인 이야기로 "물구나무서기"라는 말로 개에게 허리를 낮추게 하는 것이 가능하며, 우리에게 "앉아!", "앉아라!" 또는 "앉아봐!"는 같은 의미를 가지고 있지만 개는 그것을 이해할 수 없다. 그래서 "앉아!"라는 구령으로 훈련시킨 개에게 "앉아라!"라고 말하면 전달되지 않는다. 어떤 말, 어떤 언어로 구령을 붙일지는 자유지만, 언제나 같은 말을 사용하는 것만은 지켜야 한다. 그렇지 않으면 개는 혼란스러워 하고 구령에 따르지 못하게 되어버린다.

  똑같이 구령을 붙여도 아버지 말은 제대로 따르는데 어머니 말은 전혀 따르지 않는 개도 있다. 이는 목소리의 높낮이나 발음 등에 문제가 있

제1장 / 몸짓으로 알 수 있는 개의 마음

는 것이 아니고, 개가 아버지는 보스지만 어머니는 자신보다 서열이 낮다고 여기고 있기 때문이다. 개의 사회에서는 하위인 개가 우위인 개에게 따라야만 하는데 이것은 절대로 바꿀 수 없는 본능이다. 이런 때는 밥을 주는 방식이나 태도 등에 주의하여 사람의 서열이 우위라는 점을 확실하게 개에게 주입시키지 않으면, 구령에 따라 주지 않는다.

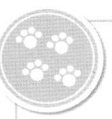 사람의 말에 대한 개의 이해력은 사람의 3세 정도에 해당된다고 한다. 그 때문에 말하는 것만으로 이해할 수 있는 명령은 20~30단어 정도이지만 음식이나 사람의 이름처럼 시각이나 후각을 더하면 약 300단어 정도를 이해할 수 있다고 한다.

몸짓 16

바로 신음하는 것은
자신의 서열이 위라는 권리의 주장

꾸짖으면 점점 반항한다

명령을 하거나 산책에 데리고 가려고 목줄을 끼우면 으르렁거리는 개가 있다. "멍멍"하며 짖거나 달려드는 것은 아니어서 그대로 내버려두는 주인도 많은 것 같은데 이는 문제행동을 일으키는 전조이므로 가능한 한 빨리 바로잡아야 한다. 먼저, 주인은 왜 개가 으르렁거리는 것인지 분명하게 이해할 필요가 있다. 그 신음소리는 권리의 주장이다. "자신의 서열이 위이기 때문에, 명령하지 마라!", "너의 말은 듣지 않겠다!"라는 의사표시이다.

주인보다 높다고 생각하고 있는 셈이기 때문에 "짖으면 안 돼!", "조용히 해!"라고 꾸짖으면 개는 "하위인 너에게 불평을 들을 이유는 없다"라고 생각하고 점점 더 반항해 온다. 특히 손을 들기라도 하면, 달려드는 경우도 있으므로 주의가 필요하다. 이런 때는 "너는 주인인 내가 없으면 지금과 같은 생활은 할 수 없는 것"이라는 사실을 개에게 전달하고, 주인의 서열이 위라는 것을 확실하게 인식시켜야 한다.

그 방법으로 효과적인 것이 먹이나 산책 시간을 늦추는 것이다. 주인보다 자신이 서열이 높다고 생각하는 개는 무엇이든지 스스로 정하고

싶어한다. 먹이나 산책 시간이 가까워졌다고 짖어서 재촉하는 것은 "빨리 해달라!"라는 의사표현이다. 이것을 따르면 언제까지고 입장이 바뀌지 않기 때문에 반드시 무시해야 한다. 먹이나 산책 시간을 평소보다 한 시간 전후로 늦추면 개는 "왜 자신의 생각대로 안 되는 것인가"라고 상당히 초조해진다. 이렇게 먹이와 산책 시간은 주인인 내가 정한다는 것을 개에게 전하면, 자신의 서열을 분별하게 된다.

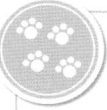
주인이 더 서열이 높다는 것을 알게 하기 위해서는 개를 다리 사이에 끼우고 몸을 젖혀 위를 보게 한다. 그리고 말없이 그 상태를 당분간 유지하는 방법도 유효하다. 이렇게 자기 마음대로는 안 된다는 것을 개에게 가르치는 것이다.

몸짓 17

달려드는 것은 기쁨의 표현이지만
습관이 되지 않도록

주종관계 역전도 무시해서 대처

"○○, 이리와!"라고 애완견을 부르면, 기뻐서 달려와 뛰어든다. 기분이 나쁘지는 않지만 대형견의 경우에는 뛰어드는 바람에 넘어지는 경우도 있어 매우 위험하다.

   이렇게 개가 주인에게 달려드는 것은 "기쁘다", "즐겁다", "놀았으면 좋겠다"라는 기분의 표현이다. 그 때문에 달려드는 것을 엄하게 꾸짖으면 "즐겁다고 생각해서는 안 된다"라는 것으로 알고 자신의 기분을 솔직하게 표현할 수 없는 소심한 성격의 개가 되어버린다. 그렇다고 해서 "그만, 그만"이라고 호소하거나 머리를 쓰다듬어 그만두게 하려고 해서는 안 된다. 이렇게 하면 개는 흥분상태가 상승되고 컨트롤 하기가 더 힘들어진다. 더욱이 개는 "달려들면 기뻐해 주는구나!"라고 믿고 달려들기가 습관이 되어버린다.

   개가 사람에게 뛰어드는 또 다른 이유는 우위에 서고 싶기 때문이다. 그래서 펄쩍 뛰어 올라 시선을 가능한 한 높게 하고, 경우에 따라서는 주인인 당신을 내려다보려고 하는 것이다.

   이러한 행동을 교정하는 데 가장 효과적인 방법은 무시하는 것이다.

개와 시선을 맞추지 말고 위를 보거나 외면해 보자. 상대에게 바라는 것이 자신을 인정하면 좋겠다고 생각해서 뛰어드는 것이니까 무시당하면 개는 곤혹스러운 표정이 되어서 그만둘 것이다. 만약 그래도 계속할 경우는 휙 하고 등을 돌리거나, 그 자리에서 재빨리 나가버린다. 그리고 안정되고 나서 말을 걸거나 머리를 쓰다듬어 주어 뛰어드는 것의 무의미함, 단점을 가르치도록 한다.

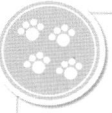
개의 뒷다리의 구조는 사람과 상당히 다르다. 사람의 허벅지에 해당하는 부분은 몸체에 달라붙어 있고 무릎은 몸통의 바로 아래에 있다. 뒤에 구부러진 부분은 비절이라고 하며 사람의 발뒤꿈치에 해당한다. 즉, 개는 사람으로 말하면 발끝으로 서 있는 상태이다.

몸짓 18

턱을 바닥에 대고 자는 것은
몸을 지키기 위한 방어의 방법

희미한 소리를 골전도로 포착

개가 자는 모습을 유심히 보면 대부분 턱을 바닥이나 지면에 대고 자고 있을 것이다. 이것은 적이나 먹이가 가까이 오는 것을 감지하기 위해서이다. 사람이나 동물이 걸으면 미묘한 진동이 바닥이나 지면을 타고 전해져 온다. 개는 그 진동을 턱을 통해 파악하는 것이다. 턱이 그만큼 민감한지 의문스러울지도 모르지만, 턱은 단단한 뼈로 되어 있기 때문에 희미한 진동이라도 확실하게 뇌에 전해진다. 이처럼 뼈를 통해서 희미한 진동을 뇌에 직접 전달하는 것을 골전도(骨傳導)라고 한다.

조용히 걸었다 하더라도 개가 곧바로 눈을 뜨는 것은 이 골전도 때문이다. 골전도를 이용함으로써 개는 귀의 피로를 막을 수 있고 귀를 다른 소리에 집중시킬 수도 있다. 편안하게 자고 있는 것 같아도 이렇게 항상 주위를 경계하고 있다. 가족이 귀가하는 것을 초인종이 울리기도 전에 개가 감지하는데 이것도 골전도로 설명할 수 있다. 우리는 느끼지 못하더라도 개는 사람이 현관으로 다가오는 희미한 진동을 파악하고 있는 것이다. 게다가 걷는 방법에는 사람마다 제각기 버릇이 있으므로 개는 그 진동이 누구의 것인지 금방 알 수 있다.

또한 지진을 민감하게 감지하는 개도 있다고 하는데 이것도 골전도에 의한 것이다. 지진이 일어나면 우선 P파로 불리는 흔들림이 퍼진다. P파는 우리가 느끼지 못하는 작은 흔들림을 야기할 뿐이지만, 그 후에 찾아오는 S파는 큰 피해를 가져오는 일이 있다. P파는 S파의 2배의 속도로 전달되기 때문에 개는 그 희미한 진동을 골전도로 포착하고 머지않아 큰 흔들림이 온다고 아는 것이다.

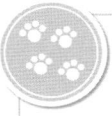 P파보다 더욱 앞서 지진을 예지할 수 있는 개도 있는 것 같다. 예를 들면, 일본 한신 대지진 때에는 "지진이 일어나기 전날 밤, 집에 들어가는 것을 극단적으로 싫어했다", "평소에는 얌전한 개가 크게 짖었다" 등의 이야기가 많이 전해진다. 과학으로는 해명할 수 없는 능력일까?

몸짓 19

주인에게 엉덩이를 붙이면
안심하고 있다는 증거

신뢰가 없으면 보여주지 않는 자세

추운 시기에 동물원에 가면 원숭이들이 서로 몸을 맞대고 몸을 녹이는 모습을 볼 수 있다. 둥글게 엉겨 붙어 있어서 '원숭이경단'이라고 불리는데 잘 보면 대부분의 원숭이가 바깥쪽을 향하고 앉아 있는 것을 알 수 있다. 즉, 엉덩이나 등을 서로 맞대고 있는 것이다. 이는 개들의 야생생활에서도 유사하게 볼 수 있다. 잘 때나 휴식을 취할 때 여러 마리가 모여 서로의 엉덩이를 붙이고 있다.

야생동물이 엉덩이나 등을 서로 붙이는 것은 주위를 경계하기 위해서라고 한다. 동물 중에는 인간과는 비교가 안 될 만큼 시야가 넓은 종도 있는데 그래도 배후로부터의 공격을 감지하기는 어렵다. 특히 개의 경우 뒷다리에 부상을 입으면 달릴 수 없기 때문에 하반신에 공격을 받는 것은 어떻게 해서라도 피하려고 한다. 그래서 같은 동료끼리 급소인 엉덩이나 뒷다리를 붙여 사각지대를 없애려는 것이다. 엉덩이를 서로 붙이면 만일의 경우에 재빨리 적에게 덤벼들거나 맹렬히 전력으로 달아날 수도 있으니까 이 진영은 공격과 방어 그리고 피난까지 가능한 이상적인 형태이다.

반려견의 경우 주인에게 엉덩이를 붙이는 것은 편안해하고 있다는 증거이다. 즉, 주인(보스)에게 급소를 꽉 누르는 행동을 함으로써 개는 안정감을 얻고자 한다. 이것은 주인에 대한 신뢰감이 없으면 보여주지 않는 포즈이다. 전혀 말을 듣지 않고 훈련할 때 고생시킨 개가 이 포즈를 보이게 되면 그것은 당신에게 마음을 열어 주었다고 생각해도 좋다.

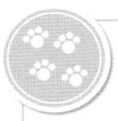 산책중이거나 애견 놀이터 등에서 애완견이 다른 개에게 쫓기거나 공격을 받게 되는 일이 있다. 이런 때는 재빨리 안아 올려서 확실히 지켜주자. 이렇게 함으로써 당신에 대한 신뢰감이 한층 강해진다.

몸짓 20

외면하는 것은 무척 기쁘거나 곤란할 때

꼬리를 흔들고 있으면 꾸짖지 않는다

직전까지 주인을 잘 보고 있었는데 갑자기 개가 눈을 피해버리는 경우가 있다. 사람이 이런 행동을 한다면 거짓말을 하고 있다거나 좋지 않은 기억이 떠오른 게 아닐까 짐작하게 되지만 개의 경우는 조금 다르다.

　우선 이는 주인이 자신보다 서열이 높다는 것을 확실하게 인정하고 있다고 볼 수 있다. 무리를 지어 생활하는 동물은 자신보다도 서열이 높은 개체와는 눈을 맞추지 않는다. 야생에서는 주로 싸움을 피하기 위해서이지만 주인의 시선을 외면하는 것도 같은 이유이다.

　또한 월등히 기쁠 때에도 시선을 돌리는 경우가 있는데 특히 잘 훈련된 개에게서 보여지는 특징이다. 예를 들면, 주인의 손에 아주 좋아하는 간식을 잡고 있는 것을 발견했을 때나 좋아하는 공놀이를 할 것을 알았을 때에 꼬리를 흔들면서도 홱 하고 시선을 돌리는 경우가 있다. 기쁘면 꼬리를 흔들며 달려들거나 얼굴을 핥을 것 같지만 그것은 교육이 되어 있지 않은 개가 보이는 행동이다. 교육이 잘 되어 있는 개는 일부러 시선을 돌려 자신의 흥분이 확대되지 않도록 노력한다. 개가 시선을 돌리면 별로 좋은 기분이 아니지만 만약 그때 꼬리를 흔들고 있으면 노력하고

있다는 증거이므로 절대로 꾸짖지 않는다.

또 다른 경우는 곤란할 때나 까다로운 명령을 받았을 때이다. 이런 행동은 사람도 비슷한데, 곤란한 상황을 피하기 위해 못 들은 척하는 것과 같다. 흥분을 억제하고 있을 때와는 달리, 꼬리는 움직이지 않고 있으므로 어떤 마음인지를 판단하는 것은 간단하다.

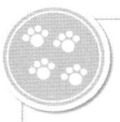
개나 고양이는 일반적으로 새끼를 다루기 어려워 한다. 그 이유는 새끼들은 목소리가 날카롭고 동작이 크기 때문이다. 날카로운 목소리는 개를 흥분시키고 큰 동작은 무엇을 할지 모른다는 두려움을 준다.

몸짓 21

계단 앞에서 움직이지 않는 것은
절벽으로 보이기 때문

강제로 목줄을 끄는 것은 가혹하다

    산책중에 애완견이 계단이나 문턱 앞에서 움직이지 못하는 경우가 있다. 이는 트라우마 때문인 경우가 많다. 계단에서 억지로 잡아 당겨 올라가게 하거나 턱에 걸려 굴러 떨어져서 몸을 강하게 부딪쳤을 때의 공포가 뇌리에 맺힌 것이다. 이러한 경험을 한 적이 없더라도 닥스훈트나 코기와 같이 다리가 짧은 견종은 계단이나 턱이 있는 곳을 싫어하는 경향이 있다. 이러한 견종 중에는 다리 길이가 10㎝밖에 안 되는 개도 있으니까 약간의 턱에서도 낭떠러지 절벽으로 보일 것이다.

    만약 애완견이 육교나 턱 앞에서 멈추었을 때 빨리 걸으라고 심하게 꾸짖는 것은 가혹하다. 절대로 억지로 목줄을 끌어당겨서는 안 된다. 그런 일을 해서 굴러 떨어지거나 계단의 모서리에 몸을 부딪쳐서 아픈 생각을 하면 턱만 봐도 달아나게 되어 버릴지도 모른다. 특히, 치와와나 포메라니안 등 유전적으로 뼈가 약한 품종의 경우는 골절 가능성도 있다. 그러므로 조금 지나치게 과보호라고 생각해도 계단이나 턱만은 주인이 품고 오르내리는 것을 추천한다.

    계단이나 턱이 있는 집에서 강아지를 키우고 있는 경우도 주의해야

제1장 ／ 몸짓으로 알 수 있는 개의 마음

한다. 특히 바닥이나 계단에 대리석이나 타일이 붙어 있는 경우는 발이 미끄러져 굴러 떨어지거나 다리를 삐끗해버리기 쉽다. 이런 사고가 일어나지 않도록 계단 앞에 방어울타리를 치거나 미끄럼방지 대책을 마련해주는 것이 좋다. 다만 애완견 전용이 아니라면 약간의 개조가 필요하다. 유아용 방어울타리는 아랫부분이 열리는 것이 많아 개가 빠져나가기 쉽다.

 요즘은 개도 오래 살게 되어 10세를 넘는 경우가 흔하다. 이런 노견과 산책할 때에도 계단이나 턱에 주의가 필요하다. 왜냐하면 개도 7세를 넘으면 골다공증이 발병하여 골절될 위험이 급격하게 높아지기 때문이다.

몸짓 22

텔레비전을 진지하게 시청하는데
내용을 알고 보는 것일까?

흥미를 보이지 않는 개도 있다

개가 특정 프로그램을 진지하게 보는 경우가 있다. 주인은 "스토리를 알고 있는 것일까?"라고 생각하기 쉽지만 유감스럽게도 그렇지 않다. 텔레비전을 주시하는 것은 단지 이미지가 움직이고 있기 때문이다.

그런데 집 안에는 움직이고 있는 것이 그다지 없기 때문에 어쩐지 멍하니 생활하고 있다가 격렬하게 움직이는 이미지가 텔레비전에 보이면 개는 기쁜 것이다. 이미지가 움직이고 있는 것만으로 만족한다고 해도 당연히 개나 동물이 등장하는 프로그램을 좋아한다. 다만 영상보다 소리에 흥미를 가지거나 전혀 텔레비전에 흥미를 나타내지 않는 개도 있다. 싫어하는데도 억지로 텔레비전 앞에 데리고 와서 강요하지 말고 개가 하고 싶은 대로 내버려두자.

때로는 개의 모습이 클로즈업되거나 짖는 장면이 나오면 텔레비전에 덤벼들고, 쓰러뜨리거나 부수는 경우도 있다. 최근의 텔레비전은 매우 경량화되었다고는 해도 30인치를 넘는 것은 무게만도 상당하니까 개가 다칠 수 있다. 이러한 사고가 일어나지 않도록 텔레비전을 볼 때에는 반드시 앉도록 교육시키고 허리를 들려고 하면 확실하게 꾸짖어야 한다.

제2장

습관으로 알 수 있는 개의 마음

습관 1

울부짖음은 무서운 것이 아니라 외로움의 표현

쓸쓸한 기분을 표현하고 있다

영화에서 멀리서 개가 울부짖는 소리가 들려오면 공포 분위기가 조성된다. 뭔가 심상치 않은 일이 벌어질 예고처럼 느껴지기도 한다. 하지만 실제로 개가 울부짖는 것은 외롭다는 마음의 표현이다. 만약 다음 장면에서 주인공에게 개가 덤벼들었다고 하더라도 그것은 덮치는 것이 아니라 드디어 사람을 만날 수 있어서 기쁘다는 기분을 나타내고 있을 가능성이 높다.

    도시에서 생활하고 있어도 어딘가에서 개의 울부짖는 소리가 들려오는 경우가 있다. 분명 그 주인은 평소보다 귀가가 늦은 것이다. 개는 주인이 빨리 돌아오기를 바라면서 울부짖는 것이다. 마찬가지로 늑대가 포효하는 것도 외로움 때문이라고 한다. 늑대는 기본적으로 무리생활을 하는 동물이지만 무리를 놓쳐버린 늑대가 외로운 마음에 자신이 여기에 있으니 와달라고 호소하는 의미로 울부짖는다고 한다. 이제 알았으니 공포영화에서 멀리서 개의 울부짖음이 들려와도 더 이상 무서워 말자.

    개가 슬픔이나 외로움을 느꼈을 때에 "컹컹"이라고 큰소리로 울기도 한다. 일반적으로 개 짖는 소리가 높아지면 정말 공포나 두려움, 불안 등

이 강한 것을 나타낸다. 싸움에 패배해서 도망칠 때 "깽깽"이라고 우는 것이 그 전형이다. 반대로, 짖는 목소리가 낮은 것은 화가 났다는 증거다. "크르르", "우우"라고 신음하고 있을 때에 다가가면 공격을 받을 가능성이 있으므로 주의한다.

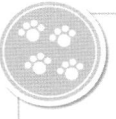
일본 신화 '산해진미'에는 하야토(隼人)로 불리는 사람들이 개의 울부짖음을 흉내 내어 궁궐을 지키고 있었다고 기록되어 있다. 또 군사를 관장하는 가계는 이누카이 무라지(犬養連)라는 이름으로 불렸다. 야마토(大和) 조정이 개를 중요한 군사력이나 경비 병력으로 사용하였음을 알 수 있다.

습관 2

마당을 파헤치는 것은
야생 시대의 본능

심심풀이인 경우도 있다

정원이 있는 집에서 개를 키우면 개가 땅을 파는 모습을 자주 봤을 것이다. 땅속에 뭔가 있는 것도 아닌데 화단이나 잔디를 망가뜨리기 일쑤다. 이렇게 개가 정원을 구멍투성이로 만드는 이유가 몇 가지 있다. 하나는 본능에 의한 것. 개가 야생생활을 할 때는 오늘은 먹이를 구했지만 내일은 어떻게 될지 모르는 상태에 놓인다. 그래서 먹다 남은 먹이를 흙 속에 숨기고 배고플 때 비상식량으로 꺼내 먹으려는 습관이 생기고 그것이 오랫동안 본능으로 뇌에 새겨졌다. 애완견도 대량의 먹이를 주면 구멍을 파고 남은 먹이를 묻으려고 한다.

두 번째 이유는 심심풀이. 우리는 지루하면 텔레비전이나 잡지, 컴퓨터 등을 훑어보지만 개는 구멍을 파면서 무료함을 달랜다. 개가 갑자기 정원을 파헤치기 시작할 때에는 산책을 길게 하거나 새로운 장난감을 주어서 기분을 달래주면 구멍 파기가 줄어들 것이다.

세 번째 이유는 나무뿌리의 향기나 흙의 감촉을 음미하는 것을 좋아하기 때문이다. 우리는 무취라고 느끼는 나무뿌리도 후각이 예민한 개들에겐 향긋하게 느껴진다. 좋은 냄새를 맡고 싶은 것은 사람이나 개나 마

찬가지다. 또, 구멍을 파헤치고 여우 등을 몰아내기 위해서 만들어진 견종은 흙을 접촉하면 돌연 자신에게 주어진 사명이나 특기를 떠올리며 맹렬하게 구멍을 판다. 어떤 이유라도 구멍 파기를 완전히 그만두게 하기는 어려울 것이다.

 테리어(terrier) 종류는 구멍 파기를 좋아하는 품종의 대표격이다. 테리어의 어원인 테라(terra)는 라틴어로 "땅," "대지"를 의미하기 때문에 흙을 좋아하는 것은 당연하다. 조경을 즐기는 경우에는 테리어를 키우는 것은 포기하는 것이 좋을지도 모르겠다.

습관 3

똥을 먹더라도
화내지 말자

자주 화장실을 청소하여 해결

산책을 하다 보면 다른 개나 고양이가 남긴 똥에 애완견이 강한 흥미를 보이는 경우가 있다. 평소에 말 잘 듣던 개도 이때만은 아무리 목줄을 끌어도 전혀 움직이지 않는다. 이것뿐이면 괜찮지만 다음 순간 그 똥을 먹는 일이 발생하기도 한다. 그중에는 다른 개와 고양이의 것이 아니라 자신의 똥을 먹는 경우도 있는데 보호자로서는 충격적이다.

혹시, 우리 개가 이상한 것이 아닌지 걱정하는 주인도 있지만 이것은 식분증(食糞症)이라는 병으로 알려져 있다. 그러니 개가 똥을 먹는 것은 그다지 진귀한 일은 아니다. "똥은 더럽다"는 것은 어디까지나 우리들의 논리이며 그것은 개에게 통용되지 않는다. 원래 개는 잡식성이다. 그것은 배고픔을 견디며 살던 야생생활의 흔적으로 냄새가 강한 똥이 눈에 들어오면, 그 본능이 되살아나면서 무심결에 덥석 해버리는 것이다. 실제로 고양이의 똥은 영양분이 풍부해 개들에게는 둘도 없는 맛있는 먹이다.

하지만 그렇다고 이 행동을 간과하고 있으면 기생충이나 병원균에 감염되기도 하므로 주의가 필요하다. 똥을 먹는 습관은 강아지 때 만들어

진다. 뭐든지 흥미를 보이는 강아지가 자신의 똥으로 놀고 있는 동안에 그 냄새에 이끌려 덥석 먹게 되고, 그것에 중독되어버리는 것이다.

똥을 좋아하는 개로 만들지 않으려면 새끼 강아지 때부터 화장실을 자주 청소해줘야 한다. 또 배변훈련 실패를 강하게 꾸짖으면 증거를 숨기려고 도리어 똥을 먹는 버릇이 생기는 경우도 있다.

 개가 똥을 먹는 이유에 대해서는 그 외에도 몇 가지 가설이 전해지고 있다. 예를 들면 우월한 개의 똥을 먹음으로써 복종의 의사표시를 하고 있다는 설, 똥을 먹음으로써 비타민 B나 비타민 K를 보충하고 있다는 설 등이 있다.

습관 4

쓸데없이 짖는 것은
뭔가 필요하다는 표현

집과 주인을 지키기 위한 행동으로 알아차리자

집 앞에 사람이 지나갈 뿐인데 멍멍 요란스럽게 짖는 개가 있다. 우리 눈에는 쓸데없이 짖는 것으로 보인다. 이른 아침이나 심야라면 당하는 사람도 놀라게 되고 이웃에서 민원을 제기할 수도 있기 때문에 주인에게는 고민거리이다. 하지만 개의 입장에서는 필요하기 때문에 짖는 것이다. 짖는 이유에는 몇 가지가 있지만 '쓸데없이 짖기'는 방위 본능이나 경계심에 의해서 일어난다.

   우리는 집 앞에 사람이 지나가는 것뿐 위험하지 않다고 생각하지만 개들은 집 앞의 도로도 세력 범위 안에 속하므로 그곳에 모르는 사람이 침입해 왔기 때문에 경계해서 짖은 것이다. 사람이 개를 가축화한 이유 중 하나가 "집을 지키게 한다"라는 것이다. 마당에서 키우는 개는 오래 전부터 집과 주인을 지켜야 한다는 사명을 떠올리며 누군가가 다가오면 민감하게 그것을 알아채고 "멍! 멍!"하고 짖게 된다. 개는 그것이 자신의 일이라고 생각하고 있으므로 주인에게 칭찬받아 마땅하다고 생각한다. 그런데 실제로는 꾸중을 듣게 되면 더욱 스트레스가 쌓여 '쓸데없이 짖기'를 더하게 된다.

> 칭찬받는다고 생각하고 짖고 있는데 실제로는 꾸중을 듣게 되면 스트레스가 되어 '쓸데없이 짖기'를 한다

쓸데없이 짖는 습관을 고치고 싶으면 어떤 사람이 다가가도 짖지 못하게 훈련을 꾸준히 하는 것이 중요하다. 가령 짖었다고 해도 주인의 제어로 즉시 잠재울 수 있도록 리더십을 발휘해야 한다.

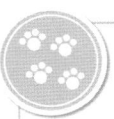
쓸데없이 짖는 것을 그만두게 하기 위해서는 애완견을 제멋대로 놔두지 않는 것도 중요하다. 제멋대로 되는 것은 자신의 지위를 분별하지 않고 있기 때문이다. 자신이 서열이 높다고 생각하기 때문에 "멍! 멍!"이라고 짖어서 주인이나 가족에게 요구를 하는 것이다.

습관 5

오줌을 찔끔 흘리는 것은
복종의 의미

주인의 애정을 얻으려 하고 있다

개를 키우면 짖는 소리와 함께 신경이 쓰이는 부분은 '냄새'이다. 요즘은 하이테크 기술을 사용한 화장실 등도 나오고 있어 이전보다는 냄새의 문제는 줄어들었지만 도저히 막을 수 없는 게 오줌을 찔끔 흘리는 것이다. 오줌을 찔끔 흘린다고 하면 새끼 강아지나 늙은 개를 떠올릴지 모르지만 개의 경우 체력이나 지력에 전혀 문제가 없는 성견도 오줌을 찔끔 흘리는 경우가 있다.

오줌을 찔끔 흘리는 이유는 대략 두 가지가 있다. 하나는 무서운 생각을 했을 때, 예를 들어 주인에게 심한 꾸중을 들었거나 산책중에 자신보다 큰 개와 마주쳐 위협을 느꼈을 때 등이다. 이는 상대방의 서열이 위라고 인정하기 때문에 해치지 않는다는 뜻이다. 사람 앞에서든 다른 개 앞에서든 오줌을 찔끔 흘리는 것은 개에게도 굴욕적이다. 그럼에도 이를 감행함으로써 자신의 약함을 인정하고 싸울 의향이 없음을 보여준다.

다른 하나는 너무 기쁠 때이다. 무서울 때는 이해가 가지만 왜 기쁠 때에 오줌을 찔끔 흘리는 것인지 의문이 들 수도 있다. 그런데 그 이유는 무서울 때와 같다. 개는 오줌을 찔끔 흘림으로써 "행실이 나쁘다", "쓸모

없는 녀석"을 연출하고, 보호자인 당신의 애정을 더 얻고자 하는 것이다. 좋은 것이라고 생각해서 한 행동이므로 화내는 것은 금물이다. 불평을 하지 않고 가만히 오줌을 닦아준다. 또한 오줌을 쌀 것 같은 느낌이 왔을 때에는 우선 화장실로 데리고 가도록 한다.

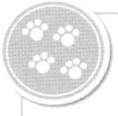 개를 산책시킬 때 잊어서는 안 되는 소지품이 있다. 그 하나가 비닐봉지. 애완견이 똥을 싸면 삽으로 묻어버리는 주인도 있는데 그것은 매너 없는 행동이다. 똥은 반드시 비닐봉지에 넣어서 갖고 돌아간다.

습관 6

주인에게 마운팅을 한다면 절대 용서하지 말 것

꾸짖지 말고 무시하는 것이 좋다

개가 뭔가에 달라붙어 허리를 흔드는 모습을 봤을 것이다. 이것은 마운팅(mounting)이라는 행동으로 개의 경우는 수컷, 암컷의 구별이 없다. 그다지 품위 있어 보이지는 않지만 다른 개나 인형에게 할 경우 문제행동은 아니다.

허리를 움직이는 것부터 성행위를 연상시키지만 마운팅은 서열을 확인하기 위한 것으로 서열 위의 개가 서열 아래의 개에게 주로 한다. 이처럼 서열을 명확히 함으로써 쓸데없는 싸움을 피하려고 하는 것이다. 인형에게 마운팅을 하는 것도 "내가 서열 위"라는 의사표시이다. 별로 보기는 좋지 않지만 인정하고 혼을 낼 필요는 없다.

하지만 주인의 팔이나 다리에 달라붙어서 마운팅을 했을 때에는 절대로 용서해서는 안 된다. 왜냐하면 개가 "주인보다도 서열이 위"라고 주장하고 있기 때문이다. 이를 한번 봐주면 쓸데없이 짖고, 주인에게 달려들고, 명령에 복종하지 않는 등의 문제행동을 일으키게 되므로 그냥 넘겨서는 안 된다. 이런 행동을 보였을 때 말없이 개에게서 떨어져 무시한다. "야!", "안 돼!"라고 꾸짖는 것은 오히려 개를 흥분시키기 때문에 아

제 2 장 / 습관으로 알 수 있는 개의 마음

무 말없이 무시하는 것이 최고다. 시간은 10분 정도면 충분하다. 그 후에는 평소대로 대하면 개는 주인의 서열이 위라고 깨닫는다.

주인의 지시나 명령을 그다지 듣지 않는 개에게는 이쪽에서 마운팅을 해준다. 웅크리고 있을 때 허리를 누르거나 함께 놀고 있을 때에 덮쳐 내 서열이 위라는 것을 전한다.

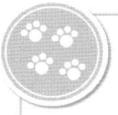
산책중에 당신의 애완견이 사람을 물어 버린 경우에는 먼저 상처를 물로 잘 씻고 빨리 의료기관으로 간다. '개 물림 사고'가 매년 1천 건 이상 발생하고 있다. 산책을 나갈 때에는 반드시 목줄을 하고 필요하다면 입마개를 씌워 사고를 미연에 방지하도록 한다.

습관 7

산책중에 다른 개에게 짖는 것은 사회성의 결여

트라우마가 원인일 수도 있다

산책하는 시간은 어느 집이나 얼추 비슷해 산책을 하다 보면 여기저기서 다른 개와 마주치게 된다. 서로 개를 키우는 입장이다 보니 초면에도 대화가 활기를 띠는 것도 자주 있는 일이라 이러한 만남을 기대하고 산책을 하는 사람도 적지 않다.

반대로 아무도 만나지 않기를 바라는 견주도 있다. 그 이유를 물어 보면 다른 개와 만나면 짖기 때문이라는 대답이 대부분이다. 애완견이 다른 개를 보고 짖는 이유는 몇 가지가 있지만 가장 일반적인 것은 긴장하고 있기 때문이다. 개는 원래 무리로 생활했던 동물이다. 하지만 요즘에는 태어나자마자 부모, 형제들과 떨어져 혼자 자라는 강아지도 적지 않다. 그런 개는 사회성을 익힐 기회가 없어서 다른 개와 만났을 때 어떻게 대응을 해야 할지 몰라 긴장하고 무심결에 짖어버리는 것이다.

또 다른 이유는 트라우마 때문이다. 새끼 강아지일 때 다른 개에게 공격 당해 아픔을 겪었던 경험이 있으면 그것이 트라우마가 되어서 다른 개에게 극단적인 공포심을 갖고 마구 짖는 버릇이 생긴다. 이때 꾸짖으면 불안과 공포가 배가되어 더욱 짖게 된다. 그런 경우, 다른 개가 다가

개들끼리의 무리에서 행동한 적이 없는 개는 다른 개와 만났을 때 어떻게 대응해야 할지 몰라 긴장하여 무심결에 짖어버린다.

오는 것이 보이면 보호자는 앉으라고 명령한다. 앉으면 상대 개가 안심하기 때문에 저쪽에서 짖거나 공격해오는 일은 거의 없다. 짖지 않고 다른 개를 지나갈 수 있게 했다면 제대로 칭찬해준다. 그러면 개는 "앉아서 얌전하게 있으면 칭찬 받는다"라고 학습한다.

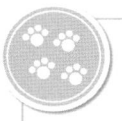

다른 개가 다가오면 흥분하여 반려견이 달아나버리는 경우가 있다. 그럴 때에는 가까운 관청이나 경찰, 보건소 등에 문의하고 보호하고 있는지 확인한다. 보호 기간에는 한계가 있기 때문에 방치하지 말고 서두르자.

습관 8

초인종이 울릴때 짖는 것은
단순한 조건반사

개 자신도 왜 짖고 있는지 모른다

현관의 초인종이 "딩동~"하고 울리면 반드시 짖는 개가 있다. 처음에는 손님이 온 것을 바로 알 수 있어서 편하다고 생각해도 그것이 매번 반복되면 시끄럽게 느껴진다. 어떻게든 그만두게 하고 싶은데 어떻게 하면 될지 몰라 내버려두는 경우가 많다.

러시아의 생리학자 파블로프는 개에게 벨소리와 동시에 먹이를 주는 것을 반복하여 벨이 울리면 침을 분비하게 되는 '조건반사'를 발견했다. 현관의 초인종이 울리면 짖는 것도 조건반사의 일종이다. 처음에는 "누군가 왔다"라는 경계심에서 짖던 개도 그것이 반복되면 스스로도 왜 짖는지 모르게 된다. 짖는 것으로 인해 흥분도 커지기 때문에 꾸짖으면 점점 더 큰 목소리로 짖고, 때로는 손님에게 덤벼들기도 한다. 개를 무서워하는 사람에게는 큰 공포다.

흥분시키지 않고 짖는 것을 그만두게 훈련하기 위해서는 두 사람이 필요하다. 먼저 한 사람이 벨을 울린다. "딩동~"하고 울려서 개가 짖기 시작해도 그것을 완전히 무시한다. 무시 당하는 일은 개에게 있어서 꾸중보다 괴로운 처벌이다. 잠시 후 짖는 것을 그만두면 포상을 주거나 머리

제 2 장 / 습관으로 알 수 있는 개의 마음

를 쓰다듬어 준다. 초인종이 울린다고 짖으면서 현관으로 달려갈 경우에는 문을 열지 않고 무시한다. 이것을 몇 번 반복하는 동안에 초인종이 울려도 짖거나 달려가지 않으면 포상을 받을 수 있다고 학습시킨다. 즉, 반대의 조건반사가 형성된 것이다.

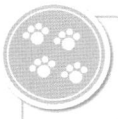 조건반사란, 반사와 무관한 자극을 반복해 주는 것으로 그 자극만으로 반사가 일어나게 되는 현상을 말한다. 개에게 먹이를 줄 때에 특정한 소리를 항상 들려주면 그 소리를 듣는 것만으로도 침을 흘리게 된다.

습관 9

배변 실패는
화장실 위치 문제

본능적으로 냄새를 싫어한다

배변훈련은 개를 키우는 데 가장 중요한 문제 중의 하나이다. 실내에서만 생활하는 경우가 아닌 이상 대부분 산책 도중에 배변을 하지만 가끔 밖에서는 아예 배변이나 배뇨를 하지 않고 게다가 지정된 화장실 이외의 장소를 더럽히는 애완견도 있다. 아무리 훈련시켜도 화장실에서 볼일을 보지 않는 것은 화장실의 위치를 싫어하기 때문이다. 잠자리 근처에 화장실을 두지 않았는지 돌아보자.

　야생생활을 하던 개는 주로 동굴이 보금자리였다. 거기에서 배변과 배뇨를 하면 냄새가 오래 남고 위생 상태도 나빠지기 때문에 동굴에서 조금 떨어진 곳에서 하는 것이 습관이었다. 즉, 개에게는 자신의 거처와 화장실이 너무 가까운 것은 본능적으로 받아들여지지 않는다.

　화장실을 멀리 옮겨도 실패가 반복될 때는 바로바로 주의시킨다. 바닥에서 증거를 발견하고 혼내는 것은 이미 늦다. 배뇨나 배변을 하고 있을 때에 주의를 시키고 늦어도 끝난 순간에 주의를 준다. 주의를 주는 방법은 자로 바닥을 두드리거나 해서 개가 놀랄 만한 소리를 내는 방법이 좋다. 다른 경우와 마찬가지로 화를 내는 것은 역효과를 낳는다. 주의를

시키고 나서 화장실로 데리고 가면 정해진 장소에서 볼일을 보게 될 것이다.

어쨌든 실내에서 키울 때 화장실 교육을 하지 않았던 방임이 원인이므로 하우스(개집)에 격리시키고 정기적으로 하우스에서 꺼내어 화장실을 시킨 후에 다시 하우스에 넣는 것을 반복하게 해서 습관을 들인다.

 생후 2개월 정도부터 화장실 교육을 시작하는 주인이 많은데 이때의 강아지는 사람으로 말하면 아직 3세 아이 정도이다. 이 나이라면 화장실을 실패해도 당연하다고 생각하고, 서두르지 말고 느긋하게 철저히 가르쳐 주자. 주인이 초조하면 오히려 기억하기 어려워진다.

습관 10

특정한 소리를 무서워하는 것은
트라우마일 가능성

작은 소리로 적응시킨다

평소에는 아주 온순하고 착한 아이인데도 산책중에 자동차 경적소리가 들리자마자 날뛰기 시작하거나 웅크리고 움직이지 않는 애완견이 있다. 이 역시 조건반사다. 차에 치일 뻔한 적이 있거나 놀란 경험이 있는 개는 그때 들은 경적소리가 몸의 통증이나 공포를 떠올리게 되어 소리를 듣자마자 몸이 반응해버리는 것이다.

통증이나 공포 체험이 소리와 직접 관계없는 경우도 있다. 예를 들어 호되게 야단을 맞는 그 순간에 주인이 청소기를 사용하고 있었다고 하면 청소기 소리와 혼났을 때의 기억이 연관되어 청소기 소리를 심하게 무서워할 수가 있다.

이런 때는 그 소리에 익숙해지게 하는 것이 중요하다. 개가 싫어하는 소리를 바닥에 엎드려 편안해하고 있을 때 작게 들려준다. 그리고 볼륨을 점점 크게 해서 그 소리에 적응시킨다. 어느 정도 그 소리에 익숙해지면 좋아하는 간식을 주고 이 소리가 들리면 좋은 일이 일어난다는 확신을 주는 것도 좋은 방법이다. 산책 도중에 자동차의 경적소리가 들렸을 때나 집에서 청소기를 돌렸을 때에 간식을 주는 것도 괜찮다.

제 2 장 / 습관으로 알 수 있는 개의 마음

다만 몸이 굳어서 움직임이 없어진 애완견에게 괜찮다고 말을 걸거나 감싸 안으며 보호하는 자세를 취하는 것은 역효과가 날 수도 있다. 말을 걸어 감싸주면 공포감이 증가하고 나쁜 쪽으로 조건반사가 되어 언제까지나 그 소리에 익숙해지지 않게 된다.

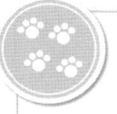 구급차나 소방차의 사이렌이 들리면 거기에 반응해서 울부짖음을 시작하는 개가 있다. 이것은 사이렌 소리와 울부짖음의 주파수가 가깝기 때문에 일어나는 현상이다. 또 일반적으로 개는 불꽃이나 천둥 등 갑작스러운 큰 소리를 무서워 한다.

습관 11

미아가 되어도 돌아올 수 있는 것은 생체자석과 후각 덕분

나침반처럼 동서남북을 알 수 있다

〈머나먼 여정〉이라는 디즈니 실사 영화가 있다. 지인의 집에 맡겨졌던 개 두 마리와 고양이 한 마리가 힘을 모아 300km나 이동하여 무사히 집에 도착한다는 모험 스토리다. 거리의 차이는 있지만 이와 같은 일은 감동적인 뉴스로 자주 다루어진다. 어떻게 개는 그렇게 멀리에서도 집을 찾아올 수 있을까?

그 이유로 거론되고 있는 것이 생체자석과 후각 두 개의 기능이다. 생체자석은 지구의 자기장을 감지하는 몸의 구조이다. 실제로 어느 기관이 그 역할을 하고 있는지 밝혀지지 않았지만 생체자석이 나침반과 같은 역할을 해 동서남북을 알 수 있다고 알려져 있다. 주로 꿀벌이나 연어, 철새 등에서 발견되는 기능이나 이 생체자석을 개도 갖고 있는 것으로 보인다. 아마 개는 평소 집에서 태양과 달이 어느 쪽에 보이는지 확인하고 그것을 떠올리며 생체자석 기능을 이용해서 자신의 집이 있는 방향을 찾아내는 것이 아닐까 싶다.

집 근처에 다다르면 이번에는 후각을 이용한다. 개의 후각은 인간의 1억 배 이상이라고 전해지고 있으니까 희미하게 남겨진 마킹 냄새나, 바

미아가 되어도 집으로 돌아올 수 있는 두 개의 기능

생체자석
지구의 자기장을 감지하는 몸의 구조

뛰어난 후각
개의 후각은 인간의 1억 배 이상. 희미한 냄새도 맡을 수 있다.

이제 곧 집이구나!

람과 함께 풍겨오는 집의 냄새를 민감하게 알아채어 찾아가는 것이다.

그런데 요즘에는 미아가 되는 개가 늘어나고 있다. 실내에서 안락하게 생활하기 때문에 생체자석 기능이나 후각이 약해지고 있기 때문이 아닐까? 미아가 되었을 때를 생각하여 안전을 위해 개체 식별의 마이크로칩을 삽입하자.

개가 집으로 되돌아 올 수 있는 것은 방향 세포의 기능에 따른 것이라는 설이 있다. 방향 세포는 어느 방향으로 얼마나 이동했는지 감각 기관이 감지하고 그것을 기록하는 뇌 세포이다. 옥스퍼드 대학은 이 기록 세포를 실제로 발견했다고 주장하고 있다.

습관 12

어미 개가 새끼를 물고 으르렁거리는 것은 교육중

새끼 개의 교육은 어미 개에게 맡긴다

사육 환경의 변화로 요즘은 혈통서 딸린 개라도 중성화수술을 하는 경우가 늘어나는 추세이다. 하지만 키우는 애완견이 새끼를 낳는 경이로운 경험을 기대하는 사람들도 있다. 그런데 이런 사람들에게도 의문이 생기곤 한다. 어미 개가 새끼 강아지의 입을 물고 으르렁거리고 있는 광경을 가끔 본다. 강아지는 아픈 듯 킁킁거리며 울고 있어 걱정도 되지만 어미 개의 분노는 상당하다. 다가가면 이쪽이 공격을 당할 수도 있으므로 단지 지켜보는 수밖에 없다.

이것은 괴롭히는 것이 아니라 어디까지나 어미 개의 예절교육이다. 강아지의 입을 물고 낮게 으르렁거림으로써 "그것을 해서는 안 돼! 알겠니?"라고 교육을 시키는 중이다. 만약 이때 어미 개를 꾸짖어 중단시키면 당연한 일을 하던 어미 개는 강한 스트레스를 받고 새끼 강아지는 옳고 그름이나 개들 사회에서의 인사 등을 학습할 수 없게 되어버린다. 사람이 보면 체벌로 보이지만 개는 사용할 수 있는 손이나 말이 없기 때문에 이렇게 입을 사용해서 가르치는 수밖에 없다.

산책중에 다른 개가 주변을 지나가자마자 곧 덤벼들려고 하는 개가 있

는데, 그것은 어릴 때 어미 개로부터 개들의 사회를 충분히 배우지 못했기 때문에 일어난다. 이런 문제행동을 일으키지 않기 위해서도 어미 개에게 제대로 교육 받아야 한다. 또한 입으로 덥석 물고 있는 것처럼 보이지만 어미 개는 제대로 힘의 가감을 하고 있으므로 새끼 개가 부상을 당하는 일은 좀처럼 없으니 안심해도 된다. 어미 개가 없는 경우에는 주인이 어미 개를 대신해서 그것을 가르쳐주어야 한다.

 생후 30일을 넘기면 어미 개가 수유를 거부하기 시작한다. 이는 새끼 강아지들에게 젖니가 돋아나고 젖이 이에 물리기 때문에 어미 개는 수유를 고통스럽게 느끼고 있기 때문이다. 이런 기색이 보인다면 먹는 이유식을 주기 시작한다.

습관 13

다른 개의 오줌 냄새를 맡는 것은
상대의 강함을 살피는 중

품종이나 성별, 연령도 판단할 수 있다

개와 함께 산책을 하고 있으면 전봇대나 수풀 등의 냄새를 맡아 대서 산책이 도통 진행되지 않곤 한다. 다른 개의 오줌 냄새를 맡고 자신의 세력권이 훼손되지 않았는지 어떤지를 확인하는 중이다. 도대체 오줌 냄새를 통해 무엇을 알 수 있을까?

개가 세력범위를 과시할 수 있는 오줌에는 성 호르몬이나 페로몬이 듬뿍 포함되어 있다. 우리에게는 그저 냄새나는 오줌이지만 개들에게 있어서는 명함과 같다. 오줌 냄새를 맡으면 개의 품종이나 성별은 물론, 몸의 크기나 성성숙도, 연령, 그리고 신체적 강함까지 알 수 있다. 일반적으로 개는 마킹 위에다 마킹을 하여 자신의 세력범위를 과시하지만 집 근처에서 냄새를 맡기만 했을 뿐인데도 부리나케 도망치는 개도 있다. 이는 그 냄새의 주인이 압도적으로 강하다는 것을 의미하며 싸움을 해도 절대 이길 수 없다고 판단했기 때문에 쓸데없는 싸움을 피하는 것이다.

마킹은 개에게 있어서 인사와 같으므로 주인은 당연하다거나 부득이한 행위로 여긴다. 하지만 개를 싫어하는 사람들에게는 불결함의 극치

인 행위로 도시를 더럽히고 있다고 생각할 수밖에 없다. 문이나 집 앞에 세워둔 자동차 등에 마킹을 당하고 분노를 보이는 경우도 있다.

마킹을 완전히 그만두게 하는 것은 힘들지만 해도 되는 곳과 안 되는 곳을 가르치는 것은 가능하다. 다른 사람의 집 등에서 마킹을 하려고 하면 목줄을 강하게 끌어서 거기서는 안 된다고 알려준다. 다만 민폐가 되지 않는 곳에서 마킹을 하려고 하면 기다린다.

 페로몬이라고 하면 교미 전에 이성을 끌어들이기 위한 성 페로몬이 유명하지만 위험에 처했을 때에 방출해서 동료에게 그것을 알리는 경보 페로몬이나 동료를 집합시키는 지령을 내는 집합 페로몬, 둥지로 돌아가기 위해서 이용하는 길잡이 페로몬 등도 존재한다.

습관 14

목욕 후 바닥을 뒹구는 것은
자신의 냄새를 되찾기 위해

자주 물로 씻어 냄새를 남긴다

　대부분의 개는 선천적으로 수영을 잘한다. 그래서 고양이처럼 물을 싫어하지는 않는다. 특히 코커스패니얼이나 레트리버 등의 품종은 물놀이를 좋아해서 대형견이라도 목욕을 시키는 것이 비교적 편하다. 반면 시바견 등은 물을 좋아하지 않아서 목욕을 시키는 데 어려움이 따른다.
　그런데 욕실에서 나오자마자 바닥이나 카펫, 때로는 마당 등에서 뒹굴어 순식간에 몸을 더럽히는 개들이 있다. 주인은 고생스럽게 목욕시켜놨는데 다시 더럽혀져 낙담하지만 개에게 목욕은 결코 기분 좋은 상황이 아니다. 그것은 샴푸나 비누 냄새가 온몸에 감돌고 있기 때문인데, 개처럼 후각이 예민한 동물은 사람에게는 은은하고 좋은 냄새라 해도 참을 수 없는 것이다.
　또한 개에게는 자신의 냄새가 신분증명서와 같다. 냄새가 없으면 다른 동료에게 자신을 증명할 수 없으니 중대한 문제이다. 그래서 개는 자신의 냄새가 얼룩져 있는 바닥이나 카펫, 마당 등에서 뒹굴어 자신의 소중한 냄새를 온몸에 묻히려고 하는 것이다. 자신의 냄새를 되찾는 것이 목적이므로 예쁘게 치장하면 할수록 이런 행동은 심해진다. 그때마다

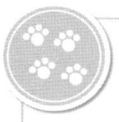 목욕으로 인해 없어진 자신의 냄새를 되찾기 위해 필사적이 된다

목욕을 시키는 신경질적인 주인도 있지만 그러면 같은 일이 반복될 뿐이다.

이럴 때는 샴푸를 듬뿍 사용해서 개의 냄새를 모두 지우는 것이 아니라 자주 가볍게 물로 세척해서 개 냄새를 남기면 뒹구는 횟수는 줄어든다. 샴푸 후에는 곧바로 수건으로 몸을 닦아주고, 드라이어로 말려 개를 자유롭게 해준다.

> 반려견이 목욕을 싫어해서 곤란한 경우는 물의 온도를 올려 본다. 브리더나 수의사 중에는 목욕물의 온도는 30도 이하로 하라고 말하는 사람도 있지만 35도 이하에서는 지나치게 차가울 것이다. 적정온도는 40도 전후가 좋다.

습관 15

엉덩이 냄새를 맡는 것은
'안녕', '잘 부탁해'라는 인사

악취에서 정보를 얻는 것이 목적

산책을 하다가 다른 개와 만나면 대부분 서로 엉덩이의 냄새를 맡는다. 특히 수컷과 암컷의 경우에는 부끄럽기 때문에 바로 목줄을 강하게 끌어당겨서 못하게 하지만 개에게는 단순한 인사일 뿐 성적인 목적은 없다. 우리도 초면인 사람과 만났을 때에는 인사와 함께 명함을 교환하는 것과 마찬가지로 개는 서로 엉덩이 냄새를 맡으며 인사한다. 상대의 성별이나 강함 등을 서로 확인하고 있는 것이다.

그런데 왜 엉덩이일까? 사실은 개의 항문 바로 밑에는 항문선(肛門腺)이라고 하는 한 쌍의 기관이 있는데 거기에서 특별한 악취를 내뿜는 액체가 분비되고 있다. 개는 그 분비물의 냄새로부터 다양한 정보를 얻으려고 하는 것이다. 이 분비물은 개가 배변을 할 때 자세히 관찰하면 확인할 수 있다. 배변이 끝난 순간 오줌 같은 액을 몇 방울 흘리는데, 이것이 개의 항문선에서 나온 분비물이다. 개의 분비물은 소량이어서 냄새는 크게 걱정하지 않아도 된다. 족제비나 스컹크의 경우는 이 항문선이 특별히 발달되어 있어 강렬한 냄새를 내뿜는다.

간혹 항문선에서 분비물을 내보내는 것이 약한 개가 있다. 그것을 그

대로 방치하면 염증을 일으키거나 경우에 따라서는 항문선 자체가 파열되어서 치명상이 될 수 있으므로 때때로 항문선을 확인해야 한다. 개가 심하게 자신의 항문을 핥거나 바닥에 항문을 댄 채 엉덩이를 끌거나 하는 등의 이상행동을 보인다면, 수의사나 트리머(trimmer: 애완동물 미용사)에게 도움을 받아 항문선을 자극하여 분비물을 빼내줘야 한다.

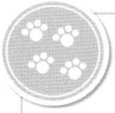
개는 키우고 싶지만 개 냄새가 거북한 사람이 있다. 그럴 때는 체취가 적은 개를 선택하면 좋다. 예를 들면 푸들, 시추, 치와와, 파피용 등의 소형견이라면 1개월에 1회 정도 씻겨주면 냄새는 크게 신경쓰이지 않을 것이다.

습관 16

식탁에 달려드는 버릇은 조르기에 응했기 때문

"조금만"은 안 된다

애완견에게 먹이를 주는 때는 주인이 식사를 마치고 나서가 가장 적합하다. 이는 개를 키우는 데 있어 아주 중요한 룰이다. 하지만 이를 지키기는 쉽지 않다. 보호자나 가족이 식사를 하고 있을 때에 애완견이 조르기 때문이다. 조르는 방법은 그야말로 천차만별. "킁킁"거리며 서럽게 우는 개, 불만스럽게 짖는 개, 마치 부탁이라도 하듯 앞발로 주인에게 접촉하는 개 등 다양한 조르기 기술을 사용한다.

이때 마음이 약해져서 "조금만"하며 음식을 조금 떼어주는 경우가 있다. 이것은 절대적으로 해서는 안 될 행동이다. 애완견이 식탁이나 주방에 뛰어들어 음식을 먹으려 해서 힘들다는 보호자들의 하소연을 자주 듣는데, 그 원인은 바로 이 "조금만"에 있다.

개는 슬기로운 동물이다. 하지만 사람처럼 사고능력이 발달되지는 않아서 "평상시에는 안 되지만 이번만 특별이야"라는 복잡한 심정은 이해하지 못한다. 한번이라도 식사를 나누어버리면 "인간의 식사는 언제든지 먹어도 좋은 것"이라고 여기게 된다. 맛있는 음식이 식탁과 주방에 있으면 자신도 당연히 먹을 수 있다고 생각한다.

제 2 장 / 습관으로 알 수 있는 개의 마음

식사를 강제로 빼앗는 것을 고치려면 마음을 모질게 먹고 조르기를 철저히 무시한다

　이러한 나쁜 습관을 고치려면 마음을 모질게 먹고 조르기를 철저히 무시해야 한다. 아무리 짖고 슬픈 듯 울어도 상대하지 말자. 식탁이나 밥상을 올라타려고 하면 아주 엄격하게 꾸짖는다. 식탁 위에 올라올 수 없도록 의자를 잘 간수하는 것도 중요하다. 처음에는 갑자기 왜 안 되냐는 듯 이상하다는 표정을 지을지도 모르지만 끈기 있게 계속하면 "사람의 식사는 먹어서는 안 된다"라고 학습하게 된다.

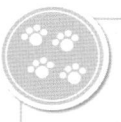 우리의 식사는 개에게는 너무 칼로리가 높다. 조를 때마다 주면 순식간에 비만해져버린다. 비만이 건강에 해로운 것은 개도 사람도 마찬가지이다. 애완견이 건강하게 장수하길 원한다면 절대로 조르는 것에 응하지 말아야 한다.

습관 17

쫓아가는 것은
개의 사냥 본능

특히 사냥개에게는 이러한 경향이 있다

최근에는 좀처럼 보이지 않게 되었지만 얼마 전까지 도시에서도 야생개를 볼 수 있었다. 하교 도중이나 밖에서 놀고 있을 때에 개들에게 쫓긴 경험이 있는 사람도 적지 않을 것이다. 그때를 생각해보면 아마 개들이 갑자기 덤벼들지는 않았을 것이다. 친구 중 누군가가 뛰기 시작한 것을 계기로 개가 달려와서 그것을 피하기 위해 다 같이 달리게 되었을 것이다.

야생생활의 개는 재빠른 쥐 등의 작은 동물들을 잡아 먹고 살았다. 그때의 본능은 도망치는 사냥감은 어떻게 해서든지 쫓아가서 붙잡는 것이다. 그 본능이 개의 뇌에 각인되어 눈앞에서 움직이는 것이나 자신에게서 멀어지려고 하는 것을 보면 무심결에 쫓아가고 싶어진다. 특히 이 성향이 강한 것은 비글이나 바센지, 하운드 등 사냥개들이다. 그들은 충동성이나 호기심, 추적능력 등 수렵본능을 기르도록 교배·사육되어 왔으므로 자전거나 달리는 사람 등을 보면 뒤쫓지 않을 수 없다.

개 중에는 특정한 공원이나 도로에만 가면 자전거나 사람을 쫓아가려는 경우도 있다. 이는 그 공원이나 도로를 자신의 사냥터로 여기고

있기 때문이다. 자신의 세력범위가 아닌 곳에서는 "멋대로 사냥을 하면 다른 개가 화를 내기 때문에 그만 둔다"라고 생각하며 마음을 억누르는 것이다.

쫓아가는 것이 너무 심할 경우는 공 던지기나 술래잡기 등을 통해 에너지를 발산시켜주자.

견종 가운데 가장 발이 빠른 것은 개 경주(dog race)로 유명한 그레이하운드라고 한다. 그 최고 속도는 시속 60킬로. 게다가 스타트로부터 1초 이내에 이 정상 속도에 도달한다. 다만 치타 등과 마찬가지로 장거리 달리기는 별로다.

습관 18

좁은 곳에 숨어 있을 때는
그냥 기다리기

가장 안심하는 곳이니까

문득 정신을 차리면 언제나 옆에 있던 반려견이 어디에도 없을 때가 있다. 아무리 불러도 오지 않으면 걱정이 되어 여기저기 찾게 된다. 겨우 발견했더니 침대 밑이나 소파 아래에서 떨고 있다. 이럴 때 무심결에 "○○, 괜찮아? 어서 이리와"라고 말하면서 들여다보거나 손을 내밀게 되는데, 가능하면 그 마음을 꾹 참고 그냥 내버려두자.

개가 좁은 곳이나 어두운 곳에 숨는 것은 무언가에 놀라거나 무서운 경험을 했다는 증거다. 그 원인은 다양하겠지만 접시를 떨어뜨려서 깨졌을 때의 소리나 텔레비전에서 들려온 자동차 타이어가 미끄러지는 소리 등에도 매우 놀라 숨어버리곤 한다. 보호자는 그런 비좁은 곳에 숨지 않더라도 내 무릎 위에서 지켜주고 싶은 마음이겠지만 이럴 때 개에게는 어둡고 좁은 곳이 가장 안심되는 장소이다.

평소에는 주인의 몸에 닿아야 안심하는 개라도 공포의 수준이 너무 높으면 본능대로 어둡고 좁은 곳으로 향하게 된다. 좁은 곳에서 애완견이 떨고 있는 것을 보고 당황하는 주인도 있지만 큰소리를 지르거나 필사적이 되면 개는 더욱 무서워진다. 억지로 질질 끌어내리려고 하면 달려드

개가 좁은 곳에 숨었을 때는 스스로 나올 때까지 기다려 준다

는 경우도 있으므로 안정이 되어서 스스로 나오기를 기다려주자.

이때 중요한 것은 개가 나오고 나면 숨어 있던 장소를 반드시 확인해 두자. 공포에 질려 오줌을 지리기도 하므로 그곳을 방치해 두면 화장실로 착각할 가능성이 있기 때문이다.

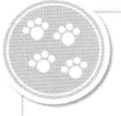 요도괄약근이 선천적으로 약한 개의 경우 대수롭지 않은 놀람이나 공포에도 요실금을 한다. 소형 견보다도 대형견에게 잘 나타나는 증상으로 요실금의 양이 많을 경우는, 요도괄약근의 활동을 의심하는 것이 좋다.

습관 19

애완견에게 무시당하면
화내지 말고 안아주도록

사랑받는 행복을 깨달은 증거

"개를 꾸짖을 때 가장 효과적인 것은 무시"라고 앞서 강조했다. 그런데 반대로 보호자를 무시하는 개도 있다. 무시당하면 당황하기는 주인도 마찬가지여서 분개하기도 할 것이다. 하지만 주인이 무시했을 때와 마찬가지로 개가 주인을 무시하는 데에도 이유가 있다.

애완견의 표정을 잘 살펴보자. 엎드린 자세로 무관심을 가장하고 있어도 눈을 치뜨고 이따금 당신을 볼 것이다. 이는 사람으로 치면 토라져 있는 상태이다. 개가 당신을 무시하기 직전의 일을 떠올려보자. 놀자고 졸라댔는데 거기에 응해 주지 않았거나 전화나 텔레비전에 열중하여 결과적으로 개를 무시하고 있지 않았나. 이럴 때 개는 "나쁜 일을 아무것도 하지 않았는데도 벌을 받았다"고 생각하며 더 이상 자신을 사랑하지 않는다고 실망해버린다.

즉 개가 당신을 무시하는 것은 주인을 아래로 보는 게 아니라 현재의 생활에 익숙해져 주인에게 사랑받는 행복감을 알았다는 증거다. 그러니 화를 내거나 방치해서는 안 된다. 그러면 모처럼 가까워진 서로의 마음이 다시 멀어질 수도 있다. 토라져 있는 애완견을 안아주거나 머리나 등

토라져 있는 개는 안아 주거나 쓰다듬는 등 애정을 표현한다

제 2 장 / 습관으로 알 수 있는 개의 마음

을 쓰다듬는 등 애정을 표현하자. 그러면 평소의 모습으로 돌아가 보호자의 요구에 아주 기뻐하며 응할 것이다.

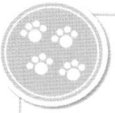

개를 팔에 안을 때에 똑바로 쳐다보려고 하는 사람이 있다. 하지만 개는 배를 보이는 것을 싫어하기 때문에 이렇게 안는 방법은 별로 추천할 수 없다. 개가 좋아하는 것은 당신의 어깨에 앞발을 얹어 주고, 한쪽 손으로는 엉덩이를 그리고 다른 한 손으로 등을 누르고 품는 방법이다.

습관 20

그루밍은 산책할 때마다
하는 것이 기본

개에게 맡기고 남에게 맡기는 것은 피한다

그루밍은 털이나 피부를 청결하게 하기 위한 행동이다. 그런데 개는 고양이처럼 온몸을 샅샅이 그루밍 할 수 없다. 원래 개의 털이 중모(中毛)였다. 그것은 개의 원종에 가까운 시베리안 허스키 등을 보면 알 수 있다. 그런데 인간은 개를 개량하면서 보기에 좋은 장모 품종을 늘려왔다. 단지 털이 길 뿐만 아니라 푸들과 같이 고수머리 품종을 만들어냈기 때문에 자신의 혀 만으로는 그루밍을 못하는 품종이 늘었다. 뿐만 아니라 개량에 의해 체형이 변형되면서 스스로는 그루밍을 할 수 없게 된 경우도 있어 보호자가 브러시나 샴푸, 때로는 여분의 털을 잘라줘야 한다.

  그루밍은 산책할 때마다 하는 것이 기본이다. 야외에는 벼룩이나 진드기, 곰팡이, 세균 등이 우글거리기 때문에 산책에서 돌아오면 반드시 솔질하여 그것들을 떨어뜨려야 한다.

  그루밍을 자주 해주지 않으면 개는 사람이 몸을 만지는 것을 싫어하게 된다. 모르는 사람이 접촉하는 것을 극도로 꺼리며 바로 달려들려고 하는 개들이 있다. 애견미용사에게만 맡기지 말고 매일 주인이 빗겨주자.

제3장

행동으로 알 수 있는 개의 마음

행동 1

머리를 낮추고 꼬리를 칠 때는
놀자는 권유

그대로 상황을 보자

　개의 기분을 알고 싶을 때에는 귀나 꼬리뿐만 아니라 전신의 움직임에 주목해야 한다. 예를 들면 앞발을 뻗어 머리를 낮게 낮추고 엉덩이를 올리고 꼬리를 절레절레 흔드는 행동을 자주 봤을 것이다. 이것은 "놀자!"라고 적극적으로 유혹하는 개 특유의 포즈이다.

　산책 도중에 다른 개와 만났을 때 이 포즈를 하면 상대 개에게 덤벼드는 게 아닐까 싶은 걱정에 목줄을 힘껏 끌어서 떼어놓으려고 하는 보호자도 있을 것이다. 하지만 이는 공격이 아니라 우호적 기분을 나타내는 것이므로 그다지 신경 쓸 필요가 없다. 상대 개의 반응에 따라 상황이 달라질 것이니 가능하면 그대로 지켜본다. 그러면 개의 만족도가 상승하고 스트레스 해소에도 도움이 된다.

　특히나 개를 여러 마리 키우면 서로 장난치고 있는 것인지 싸우고 있는 것인지 헷갈릴 때가 있다. 쫓아가기나 덤벼들기, 달려들기를 한 뒤에 이 포즈를 취하면 "지금은 장난이니까, 더 놀자!"라고 전하는 것이니 안심해도 된다. 이런 놀이는 개들끼리의 서열 확인이나 복종 등 사회성을 기르는 데 절대적인 의식이다. 지나치게 흥분하지 않는 한은 억지로 떼

어놓을 필요가 전혀 없다.

  만약 개가 이 포즈를 취했다면 환영한다는 뜻이다. 머리를 쓰다듬는 등 애정을 보여주자. 이 포즈는 개에 있어서 "처음 뵙겠습니다. 잘 부탁해요"라는 인사이기도 하다. 얼굴이나 코를 일부러 꽉 누를 수도 있는데, 크게 상관할 필요 없다. 이 또한 같이 놀기를 바라는 마음의 표시다.

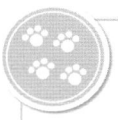 서열의 확인이나 세력범위를 지키기 위해서 행해지는 개들끼리의 싸움은 상대방에게 치명상을 주는 일은 좀처럼 없다. 하지만 개가 사람을 덮쳤을 경우에는 심각한 부상을 입는 경우가 많다. 이는 사람이 복종의 포즈를 취하지 않기 때문이라고 한다.

행동 2

원을 그리며 다가오는 것은
우호와 복종의 의사표시

공격할 뜻이 없음을 나타낸다

반려견의 이름을 불렀을 때 평소와 같이 일직선으로 달려오지 않고 원을 그리며 천천히 다가오는 경우가 있다. 이상해 보일 수도 있다. 우리도 외근중에 오늘 상사의 컨디션이 별로라는 소식을 들으면 좀처럼 회사로 돌아가고 싶지 않은 법이다. 없는 일도 만들어서 사무실로 들어가는 시간을 늦추고 싶어진다. 개가 원을 그리는 것도 같은 이유다. 즉, 상당히 공포와 긴장을 느끼고 있으므로 천천히 다가오는 것이다.

  원을 그리는 것은 개에게 최대의 약점인 옆구리를 상대방에게 보이는 일이어서 약점을 완전히 드러내고 있으니 용서해달라는 절대 복종의 의사표현이다. 즉 100% 복종하고 있다는 의미이기 때문에 더 이상 꾸짖으면 역효과가 날 수 있다.

  또한 처음 보는 개가 이런 태도를 보이는 것 역시 좀 긴장되지만 공격할 의사는 없음을 드러내는 것이므로 놀라서 도망갈 필요가 전혀 없다. 만약 당신이 개를 좋아하는 사람이라면 자세를 낮추어 이쪽도 공격할 의사가 없음을 나타내면 상대 개는 기뻐서 다가올 것이고, 개를 싫어하는 사람이라도 그대로 가만히 서 있으면 아무 문제 없다.

첫 대면의 개와 친해지고 싶을 때에도 개들의 언어로 접근해보자. 귀엽다고 생각해도 일직선으로 달려가는 것이 아니라 일부러 천천히 원을 그리며 접근하면 개도 안심하고 당신을 받아들일 것이다.

 사람의 최대 시야가 약 210°인 것에 비해 품종에 따라서 달라지지만 개의 시야는 최대 300°까지 이른다. 이는 눈이 얼굴의 좌우에 붙어 있기 때문이다. 그 대신 코 때문에 사각 지대가 발생하여 눈앞의 수십 센티미터(cm)의 범위는 볼 수 없다.

행동 3

달려들어 무는 것은 자신이 없다는 증거
강아지때 버릇들지 못하게

무는 행동은 필사의 공격

최근 반려견이 통행인을 물어 부상을 입혔다는 뉴스를 종종 접하게 된다. 애견인들에게는 안타까운 노릇이지만 대부분 사나운 개를 방치했다는 여론의 질타를 받게 된다. 하지만 실제로는 겁이 많은 개이기 때문에 달려들어 무는 경우가 많다.

개와 사람의 몸 크기를 비교하면 어지간히 큰 견종이 아니고서는 사람이 개보다 크다. 게다가 시선의 위치는 사람이 아득히 위에 있다. 자신보다 큰 상대로 싸움을 거는 동물은 좀처럼 없다. 사자가 야생의 소를 습격하기는 하지만 이 경우는 집단으로 덤벼들고 일대일로 도전하는 일은 없다. 즉 개가 자신보다 큰 인간을 무는 것은 아주 특수한 경우라는 말이다. 상당히 내몰리지 않은 이상 사람을 무는 일은 드물다. 무는 행동은 필사의 공격이다. 사람을 물었을 경우 주인을 포함해서 비난을 받는 일은 당연하지만 당시의 상황도 고려되어야 한다.

우선 사람을 무는 습관은 반드시 교정해주어야 하는데, 이는 새끼 강아지 때 형성되는 습관이므로 그때의 훈련이 중요하다. 강아지는 어떤 것이라도 달려들고 본다. 이는 눈앞에 있는 것이 뭔지를 알기 위한 행동

인데 그 연장선에서 주인의 손을 깨물 수도 있다. 이때는 아플 정도가 아니어서 방치하기 쉽다. 하지만 교정해주지 않으면 무는 것이 습관이 될 수 있다. 강아지와 성견은 무는 힘이 전혀 다르기 때문에 살짝 무는 것이라도 사람을 다치게 할 가능성이 높으므로 반드시 그 버릇을 고쳐야 한다.

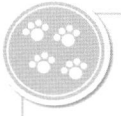 코와 주둥이 부분을 '머즐(muzzle)'이라고 부른다. 이 머즐(muzzle)은 개에게 무기임과 동시에 약점이다. 왜냐하면 입마개를 하면 송곳니라는 무기를 사용할 수 없기 때문이다.

행동 4

아이 콘택트를 통해
주인을 보스로 인식시킨다

첫걸음은 이름을 부르고 간식을 주는 일부터

주인을 보스로 인정시키기 위해 개에게 주목을 요구하는 것을 '아이 콘택트'라고 한다. 주목하는 것과 보스로 인식시키는 것의 관계가 어려울 수도 있다. 학교 다닐 때 조회를 상기해보자. 주목하는 것은 학생이고 주목 받는 것은 선생님이나 교장 선생님이다. 즉, 주목하는 쪽은 아랫사람, 주목 받는 쪽은 윗사람이라는 관계인데, 이것은 개들 사회에서도 마찬가지이다.

훈련의 목표는 이름을 부르면 언제라도 주인의 눈에 주목시키는 것. 먹이를 먹고 있어도, 좋아하는 공놀이를 하고 있을 때라도 바로 그것을 그만두고 주인의 눈을 보도록 훈련한다. 이것을 확실히 익히면 공을 쫓아 차도로 나갈 뻔해도 이름을 부르면 멈추므로 사고 위험이 줄어든다.

아이 콘택트 훈련의 첫 걸음은 반려견의 이름을 부르면서 간식을 주는 일이다. 이를 통해 이름을 불렀을 때 돌아보면 좋은 일이 있다는 생각을 주입시킨다. 이것을 할 수 있게 되면 텔레비전이나 장난감 등, 다른 것에 정신이 팔려 있을 때 이름을 한 번만 부르고 주인에게 주목하는 연습을 한다. 그것이 되면 곧 간식을 주면서 크게 칭찬한다. 다음에는 산책 도중

에 이름을 불러본다. 야외에는 흥미로운 대상이 많이 있기 때문에 쉽게 정신이 산란해진다. 확실히 익숙해질 때까지 끈기 있게 계속 훈련한다.

여기까지 완벽하게 할 수 있게 되면 간식 횟수를 점차 줄인다. 간식을 위해서 주목하는 것이 아니라고 가르칠 순서다. 개의 집중력은 고작 10분 정도이므로 욕심내지 말고 천천히 훈련하도록 하자.

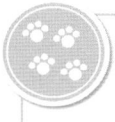 일반적으로 퍼그는 눈병에 걸릴 가능성이 높다고 한다. 눈이 크고 튀어 나와 있을 뿐 아니라 눈을 깜박이는 횟수가 적은 것도 관계 있다. 이를 막기 위해서 최근에는 눈을 작게 하는 수술도 행해지고 있다.

행동 5

자신의 꼬리를 쫓아가는 것은
스트레스 해소를 위해

기생충이나 질병일 수도 있으므로 주의

개가 자신의 꼬리를 쫓아 빙글빙글 도는 경우가 있다. 재미있는 광경이라 그대로 두기 마련이고 친구가 오면 그것을 보여주려고 하는 주인도 있다. 무엇이든 흥미를 가지는 어린 강아지의 경우 그다지 스스로 볼 기회가 없는 꼬리에 갑자기 정신이 팔려 그것을 뒤쫓곤 한다. 하지만 성견이 되고 나서도 자신의 꼬리를 쫓고 있는 경우, 그 원인은 강한 스트레스에 있다.

가령 아주 싫어하는 욕실에 갇히거나 익숙하지 않은 애견 호텔에 머문 뒤에 이런 행동을 보이는 경우가 많다. 즉 원치 않는 일을 강요당해서 생긴 스트레스를 발산시키기 위해 이런 행동을 하는 것이다.

꼬리가 긴 개의 경우 단순히 쫓아가는 것뿐만 아니라 덥석 물어서 스스로 상처를 입히거나 때로는 물어뜯기도 한다. 우리 개는 단지 꼬리를 쫓아가는 것뿐이니 괜찮다고 마음 편히 생각하는 보호자들도 많은 것 같은데 반려견이 스트레스 상황에 놓여 있는 것은 아닌지 살펴야 한다.

또한 기생충이나 질병을 앓고 있는 때에도 자신의 꼬리를 뒤쫓는 행동을 보일 수 있다. 이때는 정확하게 꼬리가 아니라 자신의 항문을 확인하

제 3 장 행동으로 알 수 있는 개의 마음

려고 빙글빙글 돌고 있는 것이지만 주인은 그 구별이 쉽지 않다. 강한 스트레스가 없는 상황인데도 불구하고 자신의 꼬리를 쫓아가는 행동을 보일 경우에는 항문 주변의 체크와 기생충의 유무를 확인하는 것이 좋다.

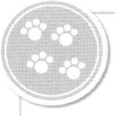
엉덩이를 가려워하는 이유 중에 많은 것은 촌충의 기생이다. 건강한 성견에서는 증상이 없지만 기생수가 많아지면 빈혈이나 설사, 식욕부진 등의 증상이 나타남과 동시에 항문으로부터 촌충의 일부가 나오거나 가려움에 참을 수 없어서 꼬리를 쫓는 것 같은 행동을 보인다.

행동 6

물건을 부수는 것은
산책과 교육 부족

스트레스를 주지 않은 것이 중요하다

개를 키우다 보면 "직장에서 돌아오니 아끼던 물건이 갈가리 찢겨져 있었다"라는 비극이 자주 발생한다. 강아지일 때는 힘이 약해 대수롭지 않을 수도 있지만 성견이 되면 피해는 커진다. 이는 '파괴행동' 이라고 부르는데, 새끼 강아지 때는 장난으로 끝날 수 있어도 성견이 이런 행동을 하면 문제가 된다. 왜 개는 무엇이든 부수고 싶어할까?

우선 잊어서는 안 되는 것이 개에게 있어서 뭔가를 씹는다는 것은 호흡을 하는 것만큼이나 당연한 행동이다. 즉 아무것도 씹지 말라고 명령하는 것은 불가능하다. 그렇지만 물건이 상할 만큼 씹는 데는 분명한 이유가 있다. 첫 번째는 운동 부족으로 의한 스트레스이다. 일상이 바쁜 와중에 아침, 저녁의 산책은 부담스럽다. 그지만 산책은 개를 키우는 이상 절대로 피할 수 없는 것이다.

또 다른 이유는 교육 부족이다. 새끼 강아지는 젖니부터 영구치가 자라는 생후 3~7개월의 사이에 씹는 것을 기억한다. 그때 장난감은 씹어도 좋지만 가구나 소파 등은 절대 씹어서는 안 된다는 것을 제대로 가르치지 않으면 개는 무엇이든지 씹게 된다.

운동 부족 등으로 스트레스가 쌓이면 물건이 깨질 만큼 씹는 경우가 있다

씹어서는 안 되는 것을 씹었을 때에는 그 자리에서 바로 화내는 것이 아니라 물리적으로 개에게 불쾌감을 주는 처벌로 억제하는 것이 중요하다. 큰 소리로 확실히 화를 내는 등의 폭력적 대처는 스트레스의 원인이 되므로 피한다.

개가 물어뜯을 때 사용하는 것은 주로 송곳니이다. 송곳니는 상하의 턱에 각 2개씩 있는 날카로운 큰 이. 장난감 등을 물어뜯으면 송곳니가 깨져서 치수가 노출될 수도 있다. 이대로 방치하면 거기에 세균이 침투해 치수염(齒髓炎)을 일으킬 가능성이 있다.

행동 7

산책할 때 목줄을 당기는 것은 자신이 보스라고 착각

주인이 진행 방향을 결정한다

가끔 산책중에 개가 목줄을 끌어당겨 오히려 보호자가 따라가는 광경을 종종 목격한다. 오르막길에서는 편하고 좋다고 생각될지도 모르지만 이는 바람직한 행동이 아니다.

개는 원래 무리생활을 하던 동물이다. 그 가운데에 리더가 있어 무리의 행동과 행선지를 결정했다. 산책할 때 리드하려는 것은 행선지를 개가 정하고 있다는 것. 즉 개는 자신이 보스로 착각한 것이다. 이것을 일상적으로 용납하면 개는 주인의 말을 점점 안 듣고 제멋대로 행동하게 된다. 또 목에 강한 압박이 가해지기 때문에 건강에도 해롭다.

산책을 리드하려 한다면 리더가 누구인지 확실하게 인식시켜야 한다. 우선, 개가 졸라서 산책을 가는 것이 아니라 주인이 개를 산책에 데리고 나가야 한다. 그리고 산책의 진행 방향은 주인이 결정한다. 사거리에 접어들었을 때에 개가 앞장서서 직진하는 경우에는 주인은 일부러 다른 쪽으로 유도한다.

평소 "기다려!", "앉아!", "엎드려!" 등의 명령에 따르도록 훈련시키는 것도 중요하다. 이렇게 함으로써 주인이 리더라는 것을 인식시켜야 한

다. 산책 도중에 앞서갈 기색을 보이면 즉각 "기다려!", "앉아!" 등의 명령을 해서 멈춰 서게 한다. 이로써 개에게 결정권이 없다는 것을 철저히 가르쳐야 한다.

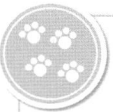 개의 목줄에는 다양한 소재와 디자인이 있지만 튼튼하고 미끄러지지 않는 가죽제품을 추천한다. 길이는 주인이 목줄을 잡은 손을 위로 올려서 끝이 지면에 닿는 정도가 적당하다. 신축성이 있는 목줄은 개가 마음대로 앞으로 걸어가므로 좋지 않다.

행동 8

공놀이를 해도 기뻐하지 않는 것은
공 색깔의 문제

붉은 색 계열의 색에는 반응하기 어렵다

개는 공놀이를 아주 좋아한다. 그런데 특정 색깔의 공을 사용하면 거의 흥미를 나타내지 않는다. 원래 공에 관심이 없는 개도 있지만 그 색이 보이지 않기 때문이다. 이전에는 "개와 고양이는 색의 구별이 안 되어 흑백의 세계 안에서 살고 있다"고 알려졌는데, 최신 연구에 따르면 사람으로 말하면 색각이상이라는 것을 알게 되었다.

포유류의 망막에는 색을 구별하기 위한 원추세포와 빛의 명암을 감지하는 간상세포라는 두 가지가 있다. 인간의 경우, 원추세포에도 세 종류가 있어 각각 빨강, 파랑, 초록이라는 빛의 3원색을 강하게 감지한다. 그런데 개(고양이도 마찬가지)에는 두 종류의 원추세포밖에 존재하지 않는다. 어떤 색을 감지하고 있는지는 명확하지 않지만 아마도 빨강과 초록이 아닐까 추측한다. 즉, 개가 보고 있는 세계는 흑백이 아니고 두 원색으로 구성되어 있으므로 인간보다 훨씬 표현력이 낮다.

하지만 빨강은 2원색 중에 하나이기 때문에 볼 수 있어야 한다. 그런데도 왜 반응이 둔할까? 그것은 사람과 비교해서 개가 밝기에 약하기 때문으로 보인다. 원래 개는 야행성이었다. 그래서 눈도 밝은 곳보다 어두

운 곳에서 활동하기 쉽게 진화했다. 밝은 것보다도 어두운 것이 주위를 인식하기 쉽다는 것이다.

그런데 색을 감지하는 원추세포는 어느 정도의 밝기가 없으면 반응하지 않기 때문에 이 두 세포가 균형을 맞춰 색을 잘 식별할 수 있는 것은 새벽과 저녁의 어둑어둑할 때다. 낮에는 너무 눈부셔 색깔을 식별하지 못한다. 특히 빨간색은 그러한 경향이 강해 붉은 공에 반응하기 어렵다.

 개와 고양이는 색각이상이지만 새나 원숭이, 거북이, 새우, 잉어, 금붕어 등은 인간과 똑같이 3원색을 이해하고 있다고 한다. 반대로 소는 전혀 안 되어서 흑백의 세계에 살고 있다. 개보다 새우의 색채 감각이 뛰어나다는 말이다.

행동 9

실내에서 소변으로 마킹을 하는 것은 불안이 원인

환경의 변화가 원인일지도 모른다

개의 오줌에는 두 종류가 있다. 하나는 여분의 수분과 배설물을 내보내기 위한 것이며 또 하나는 수컷이 마킹할 때 사용하는 오줌이다. 전자는 사람의 것과 비슷하지만 후자는 세력범위나 발정기를 가지는 동물만이 하는 특별한 것이다. 이때의 오줌에는 암컷에게 자신의 존재와 힘을 과시하기 위한 성호르몬이 듬뿍 함유되어 있어서 매우 냄새가 심하다.

또한 개가 마킹을 할 때에는 뒷다리를 평소보다 크게 올리고 최대한 높은 위치에 가하려 한다. 소형견 중에는 거꾸로 서기까지 해서 열심히 하는 개도 있을 정도다. 이는 자신의 몸이 되도록 크게 보이도록 상대에게 알리기 위함이다. 몸집이 크면 그만큼 강하다는 것이 될 테니까 세력범위의 유지에는 상당히 효과적이어서 암캐에게 어필할 수 있는 것이다. 그래서 조금이라도 높은 곳에 마킹을 하겠다고 필사적이게 된다.

수컷에게 마킹은 절대로 빼놓을 수 없는 일이다. 그렇지만 이를 실내에서 하면 힘들어진다. 실내 마킹을 막기 위해서 거세를 하면 좋겠다고 고려하지만 한 번 마킹을 기억해버린 개는 거세를 한 뒤에도 계속한다. 그래서 마킹이 습관이 되면 거세로는 해결할 수 없다.

　지금까지 한 번도 마킹을 한 적이 없는데 느닷없이 마킹을 시작할 때에는 환경의 변화가 원인인지도 모른다. 동거인이 늘어났거나 이사를 가는 등의 사건이 있으면 불안한 마음에 마킹을 하는 경우가 있다. 또한 개가 주인보다 서열이 높다고 착각하면 실내에서도 마킹을 시작하므로 지나치게 응석받이로 키우지 말자.

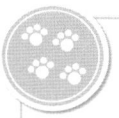

전신주에 마킹을 해도 무관심한 주인이 있는데, 근처에 사는 사람에게는 악취의 근원이다. 트러블을 피하기 위해서 산책할 때에는 수돗물을 넣은 페트병을 가지고 다니면서 반려견이 마킹한 곳을 씻어 내자.

행동 10

다른 개와 싸우는 것은
주인을 보호하기 위함

큰 소리로 야단치면 안 된다

다른 개를 보면 맹렬하게 짖으며 나아가려는 개가 있다. 힘센 대형견의 경우에는 억제할 수 없어서 맞붙어 싸움이 되어버리기도 한다. 사이가 나쁜 관계를 '앙숙'이라고 하지만 사실은 개와 개 사이도 별로 좋은 관계에 있다고는 말할 수 없다. 왜냐하면 개(특히 수컷)는 어느 쪽의 서열이 높은지를 정하려고 하기 때문이다.

배를 보여주는 복종의 포즈 등은 이런 쓸데없는 싸움을 피하기 위해서이다. 하지만 어릴 때 어미에게서 떨어져 혼자 사람 손에서 자란 개는 그런 개의 사회 규범이나 상식을 전혀 학습하지 못했기 때문에 다른 개 특히 초면의 개와 만나면 갑자기 싸움을 하게 된다.

싸움이 시작되면 개는 극도로 흥분한다. 몸을 끌어 제지하려고 하면 물릴 수도 있다. 또 큰소리로 꾸짖는 것도 흥분을 조장할 뿐이다. 싸움을 막을 때에는 반드시 목줄을 끌어당겨야 한다. 그리고 상대 개가 보이지 않는 곳까지 데리고 가 다정하게 말을 걸어서 달랜다. 이때 호되게 꾸짖는 보호자가 있는데, 개는 낯선 개로부터 주인을 지키려고 했는지도 모른다. 그럼에도 불구하고 꾸중을 들으면 곤혹스러워 한다. 안정되면 다

치지 않았는지 확인한다.

  개의 송곳니는 날카롭기 때문에 조금 물렸을 뿐이라고 생각해도 깊은 상처일 수가 있고 물린 상처를 방치하면 화농이 될 수 있다. 괜찮겠지 하고 어설프게 판단하지 말고 반드시 수의사에게 진찰 받도록 한다.

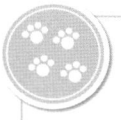
개가 싸움을 시작하기 전에는 반드시 서로 신음하는(또는 한쪽이 신음한다) 일이 일어난다. 신음하기 시작하면 위험신호라고 생각하자. 또, 개에게도 궁합이 있어서 특정한 개에게만 적의를 표현할 경우에는 산책 코스를 바꾸거나 시간을 늦추는 것이 좋다.

행동 11

마당에서 키우는 개가 말을 듣지 않는 것은 외로움과 스트레스 때문

최대한 얼굴을 쳐다본다

짖는 소리와 주거환경의 문제 때문에 요즘은 대형견이라도 실내에서 키우는 사람이 늘었다. 과잉보호라는 의견도 있지만 교육이나 건강을 생각하면 마당에서 키우면 여러 가지 문제가 발생한다.

우선 마당에서 키우는 개는 스트레스가 많다. 원래 개는 무리를 지어 생활해왔다. 하지만 마당에서 키우는 경우에는 외톨이로(여러 마리의 개를 키우는 경우는 제외) 개집에서 지내게 된다. 이것이 개에게는 스트레스가 되어 앞발을 계속해서 핥는 행동을 하거나 쓸데없이 짖는 원인이 된다. 또, 주인이나 가족과 함께 있는 시간이 적어져 자신의 서열을 분별하지 못하게 되고, 명령을 듣지 않거나 산책할 때에 목줄을 강하게 끌어당긴다.

이런 문제행동을 방지하기 위해서는 가능하면 자주 접해야 한다. 산책과 먹이를 줄 때뿐만 아니라 때때로 개의 상황을 보러 가서 "잘 지내지?", "춥지 않니?" 등 이라고 말을 걸어준다. 얼굴을 마주볼수록 친숙해지는 것은 인간도 개도 마찬가지다.

뿐만 아니라 마당에서 키울 경우 대부분 목줄을 매어두는데, 이것도

개에게는 큰 스트레스 요소이다. 특히 새끼 강아지를 이렇게 키우면 주눅 들거나 신경질적인 성격이 되기 쉽다. 가능하면 마당 안에서 자유롭게 뛰어 놀 수 있게 해주는 것이 좋다.

개는 원래 한랭지에서 생활했기 때문에 특별히 추위를 걱정할 필요는 없지만 여름의 더위와 모기에 대한 대책은 중요하다. 특히 모기가 매개하는 필라리아는 개에게 치명상을 입히므로 주의를 요한다.

 필라리아는 모기가 매개하는 기생충의 이름이다. 개의 백혈구는 필라리아를 적으로 인식하지 못하므로 주로 심장과 폐동맥에 들어가서 증식을 시작한다. 이 상태를 필라리아증이라고 부른다. 필라리아증에 걸린 개는 폐, 간, 신장 기능 장애를 일으킨다.

행동 12

배변을 할 때 빙글빙글 도는 것은 적을 확인하는 중

들여다보면 불안해한다

개가 배변을 하기 전의 행동이 기억나는가? 배변을 하는 장소를 정하면 빙글빙글 돌기 시작한다. 언제나 같은 행동을 하므로 그만 웃게 되지만 개에게 있어서는 매우 중요한 일이다. 날카로운 송곳니만이 무기인 개에게 하반신은 약점이다. 약점은 드러내지 않는 것이 기본이지만 배변을 할 때만큼은 하반신을 내밀지 않으면 안 된다. 게다가 짧은 시간일지언정 그 상태를 유지해야 한다.

이는 야생생활을 하던 개에게 아주 심각한 문제였다. 그래서 배변을 할 장소가 결정되면 반드시 빙글빙글 돌면서 주변에 적이 있는지를 확실히 확인하는 것이다. 그 행동이 오랫동안 개의 뇌에 본능으로 각인되어 적에게 습격 당할 일이 없는 현재도 똑같이 빙글빙글 돌면서 확인하는 것이다.

배변을 하는 개의 얼굴을 들여다보면 참으로 한심한 표정을 하는 경우가 있다. 마치 부끄러우니까 보지 말라는 것처럼. 하지만 부끄러움 때문이 아니다. 이것은 무방비 상태이기 때문에 아무리 주인이라도 쳐다보면 불안해 하는 것이다.

배변을 할 장소가 결정되면 주변에 적이 있는지 확인하기 위해 빙글빙글 돈다

여기서 배변 해야지...

제 3 장 / 행동으로 알 수 있는 개의 마음

반대로 사람들 앞에서도 전혀 개의치 않고 배변을 하는 개가 가끔 있다. 이것이 싫다면 운동 후나 식사 후에 배변을 하기 쉬우므로 이 시간대는 사람이 많은 곳에 데려가는 것을 피한다. 그것이 어렵다면 편하게 배변할 수 있는 풀숲 등으로 데리고 간다. 거기에서 배변을 하면 포상을 주기도 하면서 느긋하게 훈련시킨다.

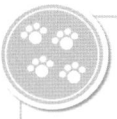 개가 배변을 실패할 경우가 있다. 이런 때는 아무 말 없이 잠자코 청소해준다. "또야?" 등이라고 말하면 주인이 기뻐한다고 착각하여 일부러 계속해서 실패한다. 화장실을 제대로 가렸을 때만 칭찬해주자.

행동 13

산책중에 잡초를 먹고 싶어하는 것은 위장 상태가 나쁘기 때문

털 뭉치나 비타민 부족도 원인

산책을 하고 있을 때 반려견이 풀 속에 얼굴을 들이밀고 잡초를 우적우적 먹을 때가 있다. 그 이유는 크게 세 가지이다. 첫째, 위장의 상태가 좋지 않을 때이다. 개는 인간과는 비교가 안 될 만큼 튼튼한 소화기관을 가지고 있지만 그래도 때때로 위장 상태가 나빠지곤 한다. 그것을 고치려고 잡초를 먹는다. 개에게 잡초는 한약과 같다. 예를 들어, 길가에 흔히 볼 수 있는 개보리는 그 이름대로 개가 아주 좋아하는 먹이이며 위장의 기능을 조절하는 작용을 한다. 또, 한약으로 사용되는 삼백초도 풀밭에 많이 자라고 있어 이것도 개가 잘 먹는다.

둘째, 털 뭉치를 토해내고 싶을 때이다. 개는 자신의 혀를 사용하여 그루밍을 하는데 이때에 털을 삼킨다. 그 털이 위 안에 쌓이면 털 뭉치가 되어 소화불량 등을 일으킨다. 그래서 끝이 뾰족한 풀을 먹어서 위나 식도를 자극하여 토해낸다.

마지막은 비타민이 부족해서이다. 개는 육식이라고 생각하는 경향이 있지만 정확하게는 잡식성이다. 고기만 먹으면 비타민 부족을 겪을 수 있다. 그래서 가끔 풀을 먹어 비타민을 보충하는 것이다.

　잡초를 먹어도 이상행동은 아니지만 길가에 자라고 있는 잡초에는 잡균이나 기생충 등이 붙어 있어 오히려 건강을 악화시킬 수도 있다. 잡초를 먹으려고 하면 목줄을 당겨서 제지하고 애견가게 등에서 판매하는 '개의 풀'이나 '고양이의 풀'을 먹일 것을 권장한다.

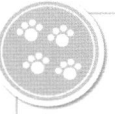 개의 풀, 고양이의 풀로 판매되고 있는 것은 주로 둥근 보리라는 벼과 식물이다. 개와 고양이는 풀 부분밖에 먹지 않지만 실제로는 양질의 단백질이 듬뿍 포함되어 있다. 오트밀로 생산되어 사람의 식용으로도 사용되고 있다.

제3장 / 행동으로 알 수 있는 개의 마음

행동 14

주인 곁에서 갑자기 떨어지는 것은
안심하고 있다는 증거

강한 리더에게 보호받고 있다고 느낀다

보호자가 텔레비전에 열중하고 있으면 그전까지 엉덩이를 붙이고 자고 있던 애완견이 갑자기 일어나서 방의 한쪽 구석으로 가는 경우가 있다. "상대해 주지 않아서 삐친 것인가?"라고 불안해지지만 이런 때는 그냥 내버려두어도 괜찮다. 이런 행동을 보이는 것은 개가 안심하고 있다는 증거이기 때문이다.

개가 턱을 바닥이나 지면에 붙이고 자는 것도, 배변을 하기 전에 빙글빙글 도는 것도 신변에 위험이 다가오고 있지 않은지를 확인하기 위해서이다. 이 일에서 알 수 있는 것처럼 야생에서는 개가 안심할 수 있는 일은 좀처럼 없었다. 유일하게 안심할 수 있는 시간이 있다면 그것은 강한 힘을 가진 리더에게 보호받고 있을 때뿐이었을 것이다. 압도적으로 강한 리더가 있으면 그 그룹에 속해 있는 개는 안심하고 떨어진 장소에서 편안히 잘 수 있다. 사실은 주인에게서 돌연 벗어나는 개의 심경도 이와 같다. 즉, 개에게 주인이 강한 힘을 가진 리더로 보이는 것이다. 강한 힘을 가지고 있으면 세력 범위도 넓으므로 방의 구석 등 편한 장소로 이동해서도 안심할 수 있다.

보호자에게는 항상 자신의 곁에서 떨어지지 않으려는 애완견이 귀엽지만 그것은 당신의 힘을 개가 별로 신뢰하지 않는다는 것을 의미한다. 당신의 세력범위가 작기 때문에 개는 안심하고 떨어질 수 없는 셈이다. 우리 개는 언제나 찰싹 달라붙어 있으면서 말은 전혀 듣질 않는다는 보호자가 있는데 그것도 원인은 똑같다. 개가 주인의 힘이 약하다고 생각하고 있어서 말을 듣지 않는 것이다.

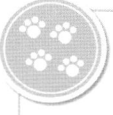 자신이 어느 정도 신뢰받고 있는지 확인하고 싶을 때에는 반려견의 다리를 한쪽씩 잡아 본다. 아무 저항 없이 받아 주면 당신은 반려견의 신뢰를 받고 있다는 증거이다. 만약 개가 당신의 손을 뿌리치려고 하면 안타깝게도 신뢰 관계는 아직 조금 부족하다고 말할 수 있다.

행동 15

머리를 쓰다듬으려 할 때 물려고 대드는 것은 두려움 때문

만져주는 것이 익숙하지 않을 수 있다

산책중에 개를 보면 "어머, 귀여워"라며 기쁜 듯이 달려오는 사람이 있다. 자신의 개가 칭찬 받으니까 기분이 나쁘지는 않지만 쓰다듬으려고 하면 달려들어 물지 않을까 걱정이 된다. 개는 머리를 쓰다듬거나 몸을 만져주는 것을 좋아한다고 생각하는 사람이 적지 않다. 어쩌면 개를 키우는 사람 중에도 이런 착각을 하는 경우가 적지 않다.

하지만 개가 스킨십을 좋아하는 것은 어릴 때부터 이에 대한 교육을 받아야만 가능하다. 사람은 무섭지 않고, 만져주면 기분 좋은 거라고 가르쳤기 때문에 기뻐하는 것이다. 반대로 사람들과의 접촉이 별로 없이 자란 개는 누군가 만지려고 하면 극단적으로 싫어한다.

머리를 쓰다듬으려 손을 뻗었다가 물리는 경우도 드물지 않다. 이는 공격하려는 의도가 아니라 두려움 때문에 발생한다. 몸의 크기를 비교하면 압도적으로 인간이 크다. 그런 큰 생물이 다가오면 무서운 것은 당연하다. 너무 무서워서 달려들어 무는 것이다.

애완견과 스킨십을 취할 때 보호자도 편안해하는 것이 중요하다. 보호자가 긴장하고 있으면 개에게 그것이 그대로 전해져 안심할 수 없다.

만질 때는 머리부터 꼬리로 향하게 살짝 쓰다듬는다. 이때, 상냥하게 말을 걸면서 어루만지면 훨씬 효과가 좋다. 아무 말 없이 가만히 쓰다듬기만 하면 오히려 개가 불안을 느낄 수 있다.

스킨십을 좋아하는 개라도 만지는 것을 싫어하는 부분이 있다. 특히 꼬리나 귀는 절대로 잡아당기면 안 된다. 잘못하면 잘 따르는 개라도 물 수 있다.

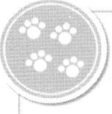 보통, 개의 발바닥에 있는 패드는 검정색이다. 패드는 지면을 돌아다니는 동안에 단단해지지만 실내에서 키우는 개의 경우는 어른이 되어도 부드러운 상태이다. 그러므로 산책할 때에 부상을 당하지 않도록 주의가 필요하다.

행동 16

앞발로 얼굴을 긁는 것은 불만, 뒷발은 만족이나 기쁨의 표현

때로는 병이 들었을 가능성도

"고양이가 세수를 하면 비가 내린다"라는 말이 있다. 물론 세수를 한다고 해도 물로 씻는 것이 아니라 침을 묻힌 앞발로 얼굴을 닦는 것뿐이다. 고양이는 습도가 높아지거나 기압이 낮아지면 불쾌감을 느껴 세수를 하므로 이 말은 제법 맞다고 한다. 고양이뿐만 아니라 가끔 개도 세수하는 것 같은 행동을 보인다. 고양이와는 달리 개는 침을 사용하지 않아서 긁는다고 표현하지만 가려워서 긁는 것이 아닌 경우가 대부분이다.

이 행동을 했을 때에 우선 추측할 수 있는 상황이 불만의 표출이다. 예를 들어 개를 거들떠보지 않고 다른 일을 하고 있으면 일부러 시야에 들어와서 얼굴을 긁기 시작한다. 이는 주목 받고 싶고 관심 가져 달라는 어필이다. 개는 항상 주인이나 가족, 손님의 주목을 받고 싶다는 마음이 강하기 때문에 고의가 아니라도 계속해서 무시당하는 일은 참기 힘들다. 특히 앞발로 얼굴을 긁는 것 같은 행동을 할 때는 불만을 호소하고 있다고 여길 수 있다.

이와는 다르게 뒷발로 얼굴을 긁는 경우에는 만족이나 기쁨의 표시다. 평소보다 맛있는 간식을 받거나 오래 놀아주었을 때에 이 행동을 볼

수 있다. 주인에게 감사의 마음을 전하는 것이다.

    단, 자주 얼굴을 긁고 있을 때에는 병일 가능성도 있다. 특히 귓속에 진드기가 생겼거나 귀에 불순물이 고여 있는 경우에도 얼굴을 긁는다. 귀를 축 늘어뜨리고 있는 품종은 쉽게 눈에 띄지 않으므로 특히 주의가 필요하다.

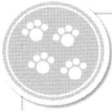
개의 귀에 기생하는 옴벌레는 감염력이 강한 진드기이다. 여러 마리를 키우는 경우에 한 마리에 이 진드기가 생기면 순식간에 모든 개에게 감염된다. 생후 2~3개월경이 가장 감염되기 쉽기 때문에 강아지의 귀는 자주 체크해주어야 한다.

행동 17

주인의 몸에 다리를 얹는 것은 보스 의식

우위를 인정하면 안 된다

소파에 앉아 있으면 반려견이 옆에 와서 아무렇지도 않게 보호자의 팔이나 허벅지 위에 앞발을 올리는 경우가 있다. 마치 마음이 통한 연인이 할 법한 행동이라 지나치기 쉽지만 이를 허용해서는 안 된다. 상대의 몸에 앞발을 올리는 것은 자신의 서열이 높다는 의미의 행동이다. 즉, 그 개는 "내가 더 우위이지"라고 당신에게 동의를 구하고 있는 것이다. 이를 뿌리치지 않으면 개는 당신이 동의한 것으로 간주한다.

애견운동장(dog run) 등에서 애견들 사이에서도 어깨나 등에 앞발을 얹는 모습이 보이지만 상대가 인정하지 않을 경우 뿌리친다. 이처럼 반려견에게도 똑같이 서열을 확실히 알려주어야 한다. 뿌리쳐도 같은 행동을 되풀이할 경우는 분명하게 "안 돼!", "그만둬!"라고 강하게 꾸짖어 준다.

이 정도는 봐주자고 생각하기 쉽지만 그렇게 받아들이는 것은 주인뿐이다. 개는 이제 자기가 더 서열이 높다고 생각하기 때문에 더 이상 주인의 말을 들을 필요가 없다. 모든 문제행동에 원인이 될 수 있으므로 마음을 모질게 먹고 반드시 고쳐야 한다.

상대의 몸에 앞발을 올리는 것은 자신의 서열이 높다는 의미. 절대로 허용해서는 안 된다

다만, 앉아서 주인의 얼굴을 보며 앞발을 올릴 때는 뭔가를 원하고 있다는 신호다. 운동 부족일 때는 산책을, 배가 고파서 간식을 원하는 경우다. 이때에도 곧바로 요구에 응하면 습관이 되어버리므로 반드시 기다리게 한다. "손" 등의 명령을 하고 그것을 따르면 응하는 것도 좋다.

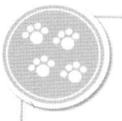
교육을 할 경우 말과 동시에 모종의 행동을 하도록 유념하자. 예를 들면 "안 돼"라고 할 때에는 손가락을 벌린 손바닥을 보이는 식이다. "안 돼"라고 말하지 않더라도 개는 손바닥을 보는 것만으로 "꾸중을 들었다"라고 알게 된다.

행동 18

손의 냄새를 맡는 것은 조사, 핥는 것은 복종의 의미

단, 안고 있는 경우에는 다른 의미도 있다

애완견이 있는 집에 방문해보면 달려와서 손의 냄새를 킁킁 맡곤 한다. 손뿐만 아니라 발이나 가방, 심지어 민망한 곳까지 코를 들이밀기도 한다. 난처함에 그만하라고 할 수도 있는 상황이다. 하지만 이럴 때는 기다려줘야 한다. 개와 친해지고 싶다면 만족할 때까지 냄새를 맡게 하자.

개가 처음 보는 사람의 냄새를 맡는 것은 상대를 탐색하기 위함이다. 냄새만으로 얼마나 상대를 파악할 수 있는지는 알 수 없지만 이러한 과정을 통해 이 사람이 적인지 아군인지, 그리고 어떻게 대응해야 하는지 등을 살펴보고 있는 것이다. 상대를 탐색하는 중이기 때문에 도중에 방해를 받으면 개는 상대를 모르니 경계를 풀지 못하는 상태가 계속된다. 그러니 귀여워해주고 놀아줘도 따르지 않고 오히려 덥석 물릴 수도 있다. 그러므로 처음에 개가 만족할 때까지 냄새를 맡게 해야 한다. 냄새를 다 맡은 뒤에 당신의 손을 날름 핥으면 복종하겠다는 의사표시다. 이제는 머리를 쓰다듬어도 물릴 걱정이 없다.

다른 경우로, 개를 껴안고 있을 때 손을 날름 핥는 일이 있는데, 안기기를 거부하는 것이며 놔주기를 부탁하는 것이다. 당신의 서열이 더 높

다고 인정하고 있기 때문에 싫지만 물거나 짖지 않고 손을 핥는 것으로 의사를 표시한다. 개 입장에서도 양보하고 있는 것이니 이럴 때는 얼른 내려주자.

개를 좋아하는 사람은 개가 핥는 것이 기쁘지만 즈노시스(Zoonosis: 人畜共通感染症)에는 주의해야 한다. 즈노시스는 사람과 동물 사이에서 전염되는 병이다. 특히 렙토스피라(leptospira)증에 감염되면 목숨을 잃을 수도 있으니 반드시 혼합 백신을 접종해야 한다.

행동 19

먹이를 먹다가 으르렁거리는 것은 빼앗긴다고 생각하기 때문

식사중에는 내버려두기

평소에 잘 따르던 개라도 먹이를 먹고 있을 때 관여하면 으르렁거리며 달려드는 경우가 있다. 이를 문제행동으로 여기거나 꾸짖기도 하는데, 사람과 마찬가지로 개도 먹는데 방해 받으면 기분이 나쁘다.

특히 개의 경우는 야생생활을 할 때의 기아감이 사람보다 훨씬 강하게 남아 있으므로 식사 때에는 늘 사활이 걸려 있으며 어떻게든 지켜야 한다고 여긴다. 그래서 먹을 때 방해 받는 것에 강한 저항과 분노를 느낀다. 게다가 먹이를 먹는 중에는 그야말로 무방비한 상태이므로 개는 긴장상태에 있다. 그럴 때 접촉하면 주인이라고 해도 조건반사로 공격해 버리는 것이다. 특히나 소심한 개들은 이런 일이 반복되면 트라우마가 생겨 아예 먹기를 거부하기도 한다. 아무리 순한 개라도 밥 먹을 때는 건드리지 말자.

그런데 사람의 손에서 먹이를 받는 것을 극도로 두려워하는 개가 있다. 이는 학대당한 경험이 있는 개들에게서 나타난다. 사람의 손은 아프다고 인식하고 있기 때문에 아무리 맛있는 간식이 손 위에 있어도 무서워서 못 먹는 것이다.

제 3 장 / 행동으로 알 수 있는 개의 마음

무리하게 먹이려고 하지 말고 자신의 밥그릇에 두고 먹을 수 있도록 한다. 또한 일상적인 스킨십을 시도하면서 천천히 손이 아프다는 인식이 바뀌기를 기다리는 수밖에 없다.

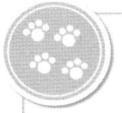 개가 먹이를 남겼을 때에는 빨리 치워버린다. 왜 먹지 않나 걱정이 되어 평소보다 좋은 먹이를 주는 주인도 있지만 "남기면 맛있는 먹이를 받을 수 있다"라고 학습해버려서 점점 먹지 않게 된다.

행동 20

집을 주어도 기뻐하지 않는 것은
너무 넓기 때문

아늑한 공간이 좋다

실내에서 개를 키우다 보면 어느새 소파나 현관 매트가 애완견의 안방이 되고 만다. 그대로 괜찮지 않을까 생각하기 쉽지만 개를 진지하게 가족으로 여긴다면 사방이 막힌 개집을 마련하자.

개의 조상인 늑대는 지금도 자연스럽게 생긴 동굴이나 바위의 갈라진 틈 등을 둥지로 만들어 생활한다. 사방이 바위 등으로 둘러싸인 어두컴컴한 곳을 선호하기 때문인데, 개에게도 그 기호가 계승되고 있다.

사람들이 오가는 현관의 매트나 하루 종일 텔레비전이나 사람의 목소리가 들리는 거실의 소파는 개에게는 그다지 쾌적한 공간이 아니다. 어쩔 수 없이 그곳을 선택하고 있을 뿐이다. 그런데 애견가게 등에서 멋진 집을 사와도 개가 사용하지 않는 경우가 있다. 반려견을 위해서 큰돈을 썼는데 무용지물이 된 것 같은 서운한 기분은 알겠지만 그것은 집 선택에 문제가 있을 공산이 크다.

개에 대한 애정이 깊으면 깊을수록 보호자는 비싸고 좋은 집을 사려는 경향이 있지만 개가 선호하는 집은 사방이 둘러싸인 어두컴컴한 동굴이나 바위 틈과 같은 아늑한 공간이다. 너무 큰 집에서는 불편함을 느낀다.

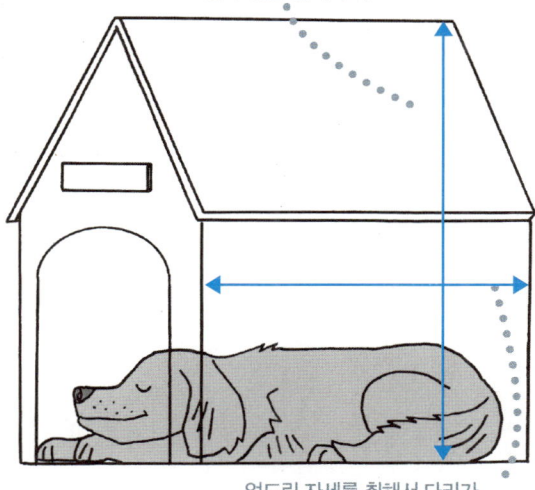

　개에게 적당한 공간은 엎드린 자세를 취해서 다리가 튀어 나오지 않을 정도의 깊이와, 일어서서 빙글 돌아 방향 전환을 할 수 있는 높이와 폭이다. 주인이 보면 좀 좁다고 생각될 정도의 크기에서 아늑함을 느낀다. 개집을 두는 장소는 조용한 침실이 가장 적당하다. 반려견의 모습이 보이지 않으면 외롭다고 거실에 두기도 하는데 개도 혼자 조용히 있고 싶을 때도 있으므로 욕심내지 말자.

 딱 좋은 크기의 개집을 사왔음에도 불구하고 애완견이 사용하지 않을 때가 있다. 그것에는 반드시 이유가 있다. 예를 들어 개집에서 개를 꾸짖지 않았나? "개집=꾸짖는다"라는 정보가 입력되면 다가가지 않게 된다.

행동 21

여러 마리를 키우기 시작하면서
선배 개가 말을 듣지 않게 되는 경우

상하 관계를 존중한다

이미 반려견 한 마리를 키우다가 한 마리 더 늘리는 경우가 있다. 그러면 이제까지 정말 착했던 선배 개가 갑자기 말을 듣지 않게 되거나, 주인에게 공격적인 태도를 보이기도 한다.

새로 온 개에 관심이 집중되어 질투하고 있다는 생각으로 가급적 평등하게 대하면 문제행동이 더욱 심해진다. 선배 개가 문제행동을 일으키는 이유는 오히려 거기에 있다. 평등하게 대하지 말아야 한다.

개는 원래 무리를 지어 행동하고 그 안에는 명확한 서열이 존재한다. 먹이를 먹는 순번부터 잠자리의 장소까지 엄격하게 정해져 있다. 즉, 개는 상하 관계가 정말 엄격하다. 그럼에도 불구하고 당신이 평등하게 대하고 있으므로 선배 개는 불만을 가질 수밖에 없다.

여러 마리를 키울 때는 개들이 정한 상하 관계를 존중하는 것이 가장 중요하다. 선배 개가 있는 경우에는, 그 개의 서열이 위니까 먹이 주기도 먼저, 놀이도 먼저, 귀여워할 때도 먼저라는 규칙을 엄수한다. 이렇게 선배 개의 자존심을 존중하면 갑작스럽게 여러 마리를 키워도 문제행동 때문에 걱정할 일은 없다.

제 3 장 / 행동으로 알 수 있는 개의 마음

단, 이는 같은 품종, 같은 성별일 경우다. 선배 개가 암컷이나 소형견이고 후배 개가 수컷이나 대형견의 경우는 서열이 역전될 수 있다. 이런 경우에도 주인이 관여하지 말고 개들끼리 정한 서열을 존중해야 한다. 선배 개가 암컷이나 소형견이라도 고집이 셀 경우에는 서열의 역전은 일어나지 않기 때문에 어느 쪽이 위가 되는지를 참견하지 말고 지켜보면 그만이다.

 소형견이라도 치와와 테리어는 정말 고집이 세서 나중에 대형견이와도 서열을 유지하는 경우가 많다. 반대로, 마스티프나 아이리시 울프 하운드는 몸집이 커도 부드러운 성격이어서 상위를 빼앗기는 경우가 드물지 않다.

행동 22

여러 마리를 키울 때 개들의 싸움에는 방관하는 자세로

오히려 스트레스가 쌓인다

처음부터 여러 마리를 키우고 있거나 새로운 개가 늘어났을 경우, 개들끼리 싸움을 할 때가 있다. 큰일이다 싶어 개들을 떼어놓고 먼저 싸움을 시작한 개 또는 보스 개를 몹시 꾸짖으면 완전히 역효과가 난다. 언제까지고 싸움이 가라앉지 않고 몸싸움이 계속되면서 이윽고 어느 한쪽의 개가 큰 부상을 입게 된다.

여러 마리를 키울 때 싸움이 일어나는 것은 아직 서열이 정리되지 않아서이다. 어느 쪽이 서열이 더 높은지 모르기 때문에 개들은 싸움을 해서 그것을 정하려는 것이다. 이때의 싸움은 서열의 상하를 확인하기 위함으로, 상대를 다치게 하려는 목적이 아니다. 그래서 어느 한쪽이 패배를 인정하는 시점에서 종료되기 마련이다.

그런데 백기를 들기도 전에 주인이 중재에 나서거나 어느 한쪽만을 처벌하면 스트레스가 쌓이고 싸움의 이유가 '서열의 확인'에서 '화가 가라앉지 않아 상대를 공격하는' 형태로 변해버린다. 이런 일을 방지하기 위해 개들의 싸움에는 참견을 하지 말아야 한다.

다만, 사람과 마찬가지로 싸움의 요령을 모르는 개도 있을 수 있다. 한

개들끼리의 싸움은 상하 관계가 확정될 때까지 참견을 하면 안 된다

쪽이 캥캥하고 울거나 꼬리를 뒷다리로 몰아넣고 도망치는 등, 분명히 승패가 결정되어 있는데도 불구하고 다른 한 쪽이 계속해서 공격할 경우에는 반드시 저지해야 한다. 그렇지 않으면 치명상을 입힐 수 있다.

싸움이 끝나면 어느 한쪽의 개가 마운팅 등을 해서 상하 관계를 확정한다. 그 모습을 확인하고 주인이 그 결과를 존중하지 않으면 안 된다.

 일이 바빠서 개를 보살피지 못하므로 여러 마리를 키워 개를 기쁘게 해주고 싶어하는 사람이 있다. 그러나 여러 마리를 키우기 시작하면 한 마리에게 쏟는 시간이 줄어들기 때문에 개는 점점 더 외로움을 타게 되므로 주의한다.

제 3 장 / 행동으로 알 수 있는 개의 마음

행동 23

잘 아는 사람에게도 으르렁거리는 것은 시력 때문

사람의 얼굴을 기억할 수 없는 것은 아니다

개를 키우고 있는 지인의 집에 가면 그때마다 개가 경계하거나 으르렁 거릴 때가 있다. 이미 여러 번 봤는데 기억 못 하는 것이 서운하기도 하지만 개가 당신을 알아보지 못하는 이유는 시력 때문이다.

개의 시력을 사람과 비교하기는 어렵지만 0.3~0.5 정도밖에 안 된다는 연구 결과가 있다. 운전면허증을 딸 때 요구되는 시력이 0.7인 점을 감안하면 빈말이라도 결코 좋다고는 말할 수 없다. 그런데 목양견(목장에서 양을 보호·유도하도록 훈련된 개)인 보더 콜리의 시력을 계측한 결과, 1.5km 앞에서 사람이 손을 흔들고 있는 것을 인식했다고 하니 견종마다 차이를 보이기는 한다.

개가 눈으로 보는 방법은 인간을 기준으로 생각하면 아주 특이하다. 구체적으로 설명하면 사람의 얼굴을 판단할 때처럼 세부적으로 확인하거나 정지하고 있는 경우는 상당히 근접하지 않으면 보이지 않지만(근시) 움직이고 있는 것을 확인할 때에는 1km 정도의 거리는 큰 무리 없이 볼 수 있다.(원시) 이는 개가 사냥을 하면서 생활했기 때문에 갖추어진 능력이다. 사냥감을 발견하기 위해서는 움직이는 것을 멀리서 눈으로 확

인할 필요가 있고 가까워지면 시각보다는 예민한 후각에 의지하는 쪽이 확실하기 때문에 원시가 발달한 것으로 보인다.

개의 시력은 견종에 따라 크게 차이가 난다. 예를 들면 비글은 사냥개이지만 별로 시력이 좋지 않다. 이것은 후각에 의존하여 사냥을 했기 때문이다. 반면 그레이하운드는 2㎞ 떨어진 먹이도 볼 수 있다고 한다.

노견은 백내장으로 시력을 잃을 수 있다. 특히, 푸들이나 스파니엘 등 인기 품종은 백내장에 걸릴 가능성이 높다고 한다. 개는 원래 시력이 약하기 때문에 시력을 잃어도 주인이 눈치 채지 못하는 경우가 있으니 주의하자.

행동 24

반려견의 가출은 사육 환경에 만족하지 못한다는 증거

더 안심되는 장소로 가고 싶다

반려견이 실종되는 일을 상상도 하기 싫지만 동네 슈퍼나 전봇대 등에 "개를 찾습니다"라는 벽보를 자주 보게 되는 것도 사실이다. 산책중에 목줄을 꼭 잡고 있으면 괜찮다고 자신하지만 실제로 반려견이 행방불명되는 것은 산책을 하고 있을 때보다 집에 있을 때가 더 자주 발생한다고 한다. 왜냐하면 집에 있을 때는 목줄 없이 지내기 때문이다. 그래서 갑작스러운 천둥소리에 놀라거나 택배를 받으려고 문을 열자마자 갑자기 밖으로 뛰어나가 버린다.

그 다음에 개가 할 수 있는 행동은 크게 두 가지다. 하나는 현관 앞에 멈춰 서서 멍하니 있거나, 전력을 다해 되돌아오는 경우다. 또 하나는 어딘가로 가버리는 경우다. 그럼 이 행동의 차이는 어디에 있을까. 일반적으로 현관 앞에서 멍하니 있거나 되돌아오는 개는 교육이나 보살핌이 탄탄해서 집 안에 있는 것이 가장 좋다고 인식하고 있다. 반대로 어딘가로 가버리는 개는 집이나 사육 환경에 만족하지 못하기 때문이다.

가끔 이사한 직후에 강아지가 행방불명이 되어 몇 개월 후에 예전에 살던 집 근처에서 발견되었다는 소식을 접할 때가 있는데, 이것도 새로

운 집에 적응하지 못했기 때문이다. 이것 말고도 화장실이 더럽거나 집이 마음에 들지 않거나 산책과 놀이가 부족해 불만이 쌓이면 도망치기 쉽다. 반려견의 가출을 막기 위해서라도 신경 써서 돌봐주자.

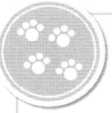
개가 탈주하는 이유가 하나 더 있다. 그것은 암캐가 발정했을 때 나는 냄새(페로몬)를 맡았을 경우다. 앞에서도 이야기한 것처럼 수컷은 이 냄새를 맡으면 흥분해서 가만히 있지 못하게 된다. 이를 방지하려면 중성화수술을 해야 한다.

행동 25

먹이 주기는 반드시
보호자가 먹고 난 다음에

졸라도 주지 않는다

개의 먹이 양은 하루에 체중의 2~3%라고 한다. 즉, 체중 10kg 전후의 중형개는 200~300g이다. 개에게 먹이 주기는 하루 한 번이 좋다고 하는 사육사나 전문가도 있지만 드라이 푸드(dry food)로 200~300g은 상당한 양이므로 아침과 저녁 두 번에 나눠서 주는 것이 일반적이다.

하지만 배고파 하는 게 안타까워 먼저 먹이를 줘서는 안 된다. 주인보다 자신의 서열이 위라고 인식시키는 일이기 때문이다. 원래 개는 무리 생활을 했고 철저하게 서열에 따라 먹는 순서가 정해져 있었다. 그만큼 식사를 하는 순서는 개에게 중요한 문제다.

먼저 먹게 해도 훈련만 확실하면 괜찮다고 생각할지 모르지만 큰 착각이다. 자신의 서열이 위라고 생각하는 개는 제멋대로 행동하게 된다. 무리하게 명령하면 오히려 반발하고 주인을 공격하기도 한다. 이런 상태를 '권세증후군(알파·신드롬)'이라고 부르는데 권세증후군으로 만들지 않으려면 먹이 주는 순서를 지켜야 한다. 주인이 먼저임을 잊지 말자. 식사를 완전히 끝마치고 나서 개에게 먹이를 준다. 이때, 먹이를 조금씩 주어 주인에게 먹이를 주는 권한이 있음을 전하는 것도 효과적이다.

제4장

개의 마음과 몸

마음과 몸 1

개의 침은 땀 대신
더울수록 많아진다

체온조절로 이해하자

처음으로 개를 키우게 되면 놀라는 것 중에 하나가 침이다. 먹을 것 앞에서 침을 흘리는 일이야 이해할 만하지만 하루 종일 침을 계속 흘려 가슴의 털이 흠뻑 젖을 정도인 개도 있다. 건강한 성인이 침을 흘리는 일은 없기 때문에 개가 입에서 침을 질질 흘리는 모습을 보면 사람은 본능적으로 혐오감과 불쾌감을 느낀다.

하지만 개와 침은 불가분의 관계에 있다. 개의 침은 사람의 땀에 해당하기 때문이다. 우리는 기온이 상승하면 피부에 있는 땀샘에서 땀을 내서 체온을 조절한다. 그렇지만 개는 발바닥에 있는 패드 등 극히 일부를 제외하고는 피부에 땀샘이 따로 없기 때문에 체온을 내리기 위해서는 입을 크게 벌리고 땀 대신에 침을 흘릴 수밖에 없다.

아무리 더워도 침을 흘리지 않는 품종도 있다. 시바견 등의 일본 개는 침을 잘 흘리지 않고, 레트리버 등의 서양견이나 불독처럼 몸에 비해서 머리가 큰 개는 침을 많이 흘린다고 알려져 있다. 이것은 입술 끝에 있는 주름의 구조와 관계 있다. 시바견은 입꼬리가 쳐지지 않고 비교적 입을 제대로 닫을 수 있기 때문에 침을 흘리지 않지만, 레트리버는 입꼬리가

축 늘어져 있으므로 분비된 침이 흘러나오는 것이다.

침은 체온조절을 하기 위해 분비되는 것이기 때문에 여름철은 에어컨으로 온도를 내리거나 개의 체중을 적정하게 유지함으로써 어느 정도는 억제할 수 있다. 그러나 근본적 원인은 입의 구조에 있는 셈이어서 완전히 없애는 것은 불가능하다. 아무래도 침이 마음에 걸릴 때는 수건으로 닦거나 턱받이를 하면 좋다.

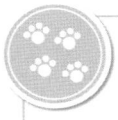 반려견의 침이 평소보다 양이 많고 지독한 냄새가 나며 거품이 나오거나 피가 섞여 있는 등의 경우는 입 안에 상처나 염증이 있지 않은지 확인한다. 상처 등이 없는 경우에는 중독이나 디스템퍼(distemper) 등도 의심되므로 반드시 수의사에게 찾아가도록 한다.

마음과 몸 2

개가 필요로 하는 영양은 사람과는 전혀 다른 것

비타민C는 불필요, 단백질은 대량으로 필요

예전에는 사람이 먹고 남은 것을 반려견에게 주는 경우가 자주 있었지만 개에게 사람의 음식은 염분이 지나치게 강해 장기간에 걸쳐 계속 먹으면 신부전이나 동맥경화, 심장 질환 등을 발병할 우려가 있다. 예를 들면 체중이 5kg 전후인 소형견의 경우 하루에 필요한 염분 섭취량은 불과 1g 정도다. 그것에 비해 사람은 12~13g 전후를 섭취하고 있으므로 비교할 수 없을 만큼 많은 양이다. 개는 거의 땀을 흘리지 않기 때문에 그 정도의 염분을 감당할 수 없다.

사람에게는 없어서는 안 되는 비타민C도 개에게는 별로 필요 없다. 개들은 체내에서 비타민C를 만들기 때문이다. 또 사람이 주식으로 하고 있는 탄수화물도 그다지 필요 없다. 오히려 개는 탄수화물의 분해가 어려워 섭취하지 말아야 한다는 연구도 있다. 설탕은 탄수화물의 일종이기 때문에 개에게는 단것도 주지 않는 편이 좋다.

그에 비해 단백질은 대량으로 필요하다. 사람이 필요로 하는 필수 아미노산(체내에서 합성할 수 없거나 또는 합성하는 것이 어렵기 때문에 음식물로 섭취해야 한다)은 여덟 종류이지만 개의 경우는 열 종류나 되니까 사람보

개에게 필요한 영양소: 단백질, 칼슘

개에게 불필요한 영양소: 탄수화물, 비타민 C

다 다양한 단백질을 섭취해야 한다. 또, 칼슘은 사람보다 14배나 필요하다. 특히 생후 6개월까지는 하루에 8g 정도 필요하다고 한다. 덧붙이자면, 사람의 기준 섭취량은 하루 0.6g, 상한 섭취량은 2.5g이기 때문에 얼마나 개에게 칼슘이 필요한지 알 수 있다.

이처럼 개와 사람이 식사에서 요구하는 것이 전혀 다르므로 사료 값이 아깝다고 남은 밥을 개에게 주는 것은 그만둬야 한다.

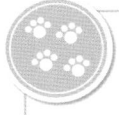 땀이 거의 나지 않는다고 해도 역시 개에게도 물이 필요하다. 언제든지 신선한 물을 마실 수 있도록 가끔 물통의 물을 바꿔줘야 한다. 건강한 개는 물을 지나치게 많이 마시는 일은 없다. 물을 마시는 양이 급격하게 늘어났을 경우 당뇨병을 의심해봐야 한다.

마음과 몸 3

우유를 맛있게 마시지만
설사를 하는 경우

양을 줄이던가, 주지 않는 것이 좋다

반려견에게 간식으로 또는 영양보충 때문에 우유를 주기도 한다. 개도 좋아할 뿐더러 잘 먹고 대량의 칼슘을 필요로 하는 개에게는 최적의 음료이다. 하지만 우유를 마실 때마다 변이 묽어지거나 설사를 하는 개가 있다.

포유류는 이름처럼 어미의 젖을 먹고 성장한다. 그러나 자연계에서는 성장 후에 젖을 먹는 습관은 없다. 그래서 유방에 포함되어 있는 유당이라는 성분을 분해하는 효소(락타제)는 자라면서 상실된다. 위에서 분해되지 않은 유당이 장에 전달되면 그것을 희석시키려고 장내의 수분이 급격하게 증가한다. 이것이 우유를 먹이면 변이 묽어지거나 설사를 하는 이유이다. 전문 용어로 '유당 불내성에 의한 삼투압성 설사'라고 한다.

우유를 마셔도 몸 상태가 전혀 변함이 없는 개도 있고 반대로 아주 조금 먹였을 뿐인데 심한 설사를 하는 개도 있다. 이 차이는 체내에 남아 있는 락타제의 양에 의한 것이다. 만일 몸 상태에 변화가 없다면 우유를 먹여도 괜찮지만 설사를 한다면 양을 줄이든지 아예 먹이지 말아야 한다.

체중이 5kg인 소형견의 경우 우유를 100ml 이상 마시면 설사를 하는 것이 일반적이므로 아무리 더 달라고 보채도 그 이상은 주지 말아야 한다. 또한 우유의 칼로리도 신경 써야 한다. 우유는 100g당 약 65kcal 정도니까 간식으로 주었을 때는 그만큼 먹이의 양을 줄인다. 이를 지키지 않으면 개는 순식간에 비만견이 될 것이다.

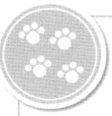
개의 비만이란, 품종별 평균 체중에서 15% 이상 몸무게가 늘어난 경우를 말한다. 또, 개의 몸을 만져보아서 등뼈나 늑골의 울퉁불퉁한 느낌이 손끝에 전해지지 않을 경우에도 비만으로 본다. 일반적으로 수컷보다 암컷이 비만하기 쉬우므로 주의한다.

마음과 몸 4

뭐든 맛있게 먹는 것은
맛에 둔하기 때문에?

사람보다 예민하지 않은 미각

개를 제대로 훈련시키지 않으면 변이나 쓰레기 등 예측할 수 없는 것들까지 먹어버린다. 게다가 맛보는 것도 보지 않고 대충 씹고 꿀떡하고 통째로 삼켜버린다. 도대체 무슨 맛인지나 알까?

맛을 느끼는 부분은 혀 위에 있는 미뢰(맛 봉오리)라는 조직이다. 우리에게는 이 미뢰가 1만 개 정도 있는 데 비해 개는 2000개 정도밖에 없다고 한다. 즉 개는 인간의 5분의 1 정도밖에 맛을 느끼지 못한다. 게다가 개는 야생 시대에 공복 상태가 오랫동안 지속되면서 맛보다는 먹을 수 있는 것을 중시하는 생활 방식을 이어오고 있었기 때문에 대부분의 것을 맛있게 먹는다.

그렇다고 전혀 미각이 없는 것은 아니다. 인간은 단맛, 매운맛, 짠맛, 신맛, 쓴맛, 떫은맛의 여섯 가지를 느낄 수 있는데, 개는 떫은맛을 제외한 다섯 가지의 맛을 느낄 수 있다고 한다. 특히 과자나 사탕 등의 달콤한 맛을 좋아한다. 이는 개가 원래 잡식성으로 야생의 과일 등을 먹었기 때문이며 완전히 육식인 고양이는 단맛을 느끼지 못한다.

사람처럼 미각이 예민하지 않음에도 불구하고 입이 까다로운 개들도

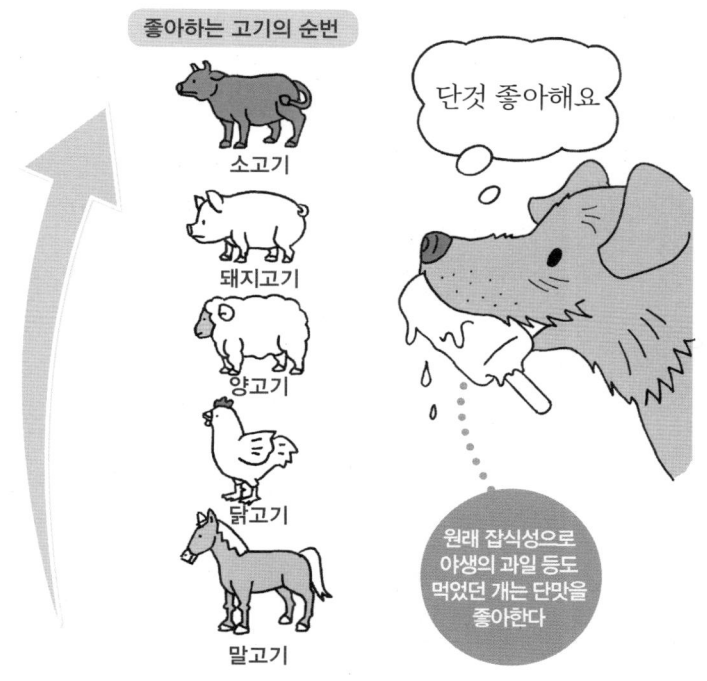

있다. A사의 사료는 먹지만 B사의 사료는 절대로 입에 대지 않는 것이다. 이는 B사의 사료가 입에 맞지 않아서가 아니라, 먹은 직후에 구토가 나는 등 몸 상태가 나빠지는 경험을 했기 때문이다. 사료가 직접적인 원인이 아니더라도 개는 그 사료 때문이라고 믿는 경향이 강하다. 또, 어릴 때부터 특정한 사료나 고기만 먹이면 입맛이 고정되어 다른 것을 먹지 않게 되므로 주의한다.

미국에서의 실험에 의하면 개가 가장 좋아하는 고기는 쇠고기로 거기에 돼지고기, 양고기, 닭고기, 말고기의 순으로 조사됐다고 한다. 맛에 둔하다고 하면서 가장 비싼 쇠고기를 좋아한다고 한다.

제 4 장 / 개의 마음과 몸

마음과 몸 5

양파 이외에 개가 먹어서는
안 되는 것들

초콜릿이나 닭뼈는 주의

양파를 먹으면 개가 중독을 일으키는 것은 비교적 잘 알려져 있지만 그 외에도 개에게 주면 목숨을 위협하는 음식이 있다. 자일리톨이라는 감미료를 개가 섭취하면 혈당이 급격하게 저하되어 목숨을 잃을 위험이 있다. 연구에 의하면 체중 10kg인 개의 경우 불과 1g만 섭취해도 치료가 필요하다고 한다. 그러므로 자일리톨이 들어 있는 껌 등을 먹이면 안 된다.

초콜릿도 개에게는 해롭다. 개는 카카오에 포함되어 있는 테오브로민이라는 성분을 분해하고 대사할 수 없다. 심한 경우에는 마비 등의 발작을 일으킨다. 발작이 금방 나타나지 않아도 테오브로민은 개의 몸에 축적되므로 절대로 초콜릿은 먹이지 말아야 한다.

뼈도 개에게는 유해한 먹이다. 특히 위험한 것이 가열한 닭뼈. 씹으면 날카로운 단면이 생겨 입 안이나 소화기관에 꽂히고 때로는 목숨을 잃기도 한다. 닭뼈만큼은 아니어도 소, 돼지의 뼈 역시 가열하면 날카롭게 깨질 수 있다. 그렇다고 해서 생으로 주면 생뼈, 특히 돼지의 뼈에는 기생충이 있을 가능성이 있으므로 주의해야 한다.

마지막으로 양파에 대한 잘못된 지식을 바로 잡자면, 양파를 개에게 주면 안 되는 것은 알고 있지만 가열하면 괜찮다고 생각하는 견주들이 많다. 큰일 날 소리다. 양파에 포함되어 있는 효소는 조리 정도의 열에서는 분해되지 않는다. 그 때문에 남은 카레나 햄버거 등을 개의 먹이로 주면 빈혈이나 구토, 설사 등의 증상이 나타난다.

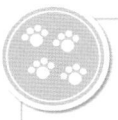 자일리톨이 들어 있지 않아도 껌은 개에게 위험한 음식이다. 그것은 식도 폐색을 일으켜서 수의사를 찾는 개의 대부분이 껌이 원인이었다는 조사 결과에서도 명확하게 알 수 있다. 반려견이 길가에 떨어져 있는 껌을 주워 먹지 않도록 주의한다.

마음과 몸 6

이런 것도 주면 안 된다?
개에게 위험한 의외의 식품들

날달걀이나 생물생선은 주지 않도록

예전에 벌레가 먹은 상처가 있기 때문에 인간에게도 독이 되지 않을 거라고 여겨 버섯을 가지고 돌아와 요리해서 먹었더니 중독 증세를 일으킨 사고가 있었다. 이와 같이 사람에게는 문제가 안 되는 음식인데도 개들은 피해야 할 식품이 많다.

- **날달걀**: 흰자에 포함되어 있는 아비진이라는 물질이 식욕부진이나 탈모, 피부염 등을 일으킨다. 단, 가열한 달걀 프라이나 삶은 달걀은 괜찮다.
- **생물생선**: 고양이가 먹을 수 있으니까 개도 괜찮을 것이라고 생각하면 큰 오산이다. 물고기의 내장에는 비타민 B1을 파괴하는 효소가 포함되어 있어 개가 먹으면 해롭고 심한 경우 다리 각기병을 일으킨다. 역시 가열하면 문제 없다.
- **간**: 가끔은 문제없지만 자주 주면 비타민A 중독이 되어 털이 빠지거나 관절의 통증을 유발한다.
- **콜라나 커피 등 카페인이 포함되어 있는 음료**: 설탕의 단맛으로 인해 개는 좋아하지만 카페인은 설사나 구토, 경련 등을 일으키고 최악의 경우는 목숨을 잃을 수 있다.
- **포도, 건포도**: 원인 물질은 알려지지 않았지만 구토나 급성신부전을 일으킨 예가 있다.

개에게 주면 안되는 위험한 음식

날달걀
가열하면 ok

식욕부진이나 탈모, 피부염 등을 일으킨다.

생물생선
가열하면 ok

건강을 잃거나 각기병을 일으킨다.

간

털이 빠지거나 관절의 통증을 일으킨다.

콜라나 커피 등
카페인 포함

설사나 구토, 경련 등을 일으킨다.

포도, 건포도

구토나 급성신부전을 일으킨다.

마카다미아

중독 증세를 일으킨다.

아보카도

구토나 설사, 경우에 따라서는 생명을 잃을 수 있다.

마늘

중독 증상을 일으킨다.

- **마카다미아**: 이 역시 원인 물질이 나타나지 않았지만 중독 증세를 일으킨 예가 있다.

- **아보카도**: 페루진이라는 물질이 개에게는 유해하다. 위장에 타격을 주고 구토나 설사, 경우에 따라서는 생명을 잃을 수 있다.

- **마늘**: 애완견이 기운이 없을 때 마늘을 먹여 보양시킨다는 생각은 하지 말자. 파스타 등 마늘을 사용한 요리도 주지 말아야 한다.

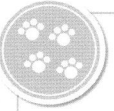

여름은 식품의 부패가 빨라 남은 사료를 냉장고에 보관하는 견주도 많은데, 냉장고에서 꺼내자마자 차가운 상태로 주면 배탈이 난다. 전자레인지 등에서 상온으로 올리고 나서 주도록 한다.

마음과 몸 7

먹이의 양은 어떻게 정하면 좋을까?

운동이나 체중에 의해 판단한다

처음으로 개를 키우기 시작하면 당황하는 일이 있다. 먹이를 어느 정도 주어야 하는지 모르겠다는 것이다. 자신을 기준으로 "먹을 만큼"이라고 생각하고 주면 개는 있는 만큼 다 먹는 습성을 갖고 있기 때문에 큰일난다. 너무 적으면 더 달라고 하루 종일도 시끄럽게 짖는다.

개도 사람과 같이 연령이나 성별에 따라 적절한 식사의 섭취량이 다르다. 또 운동량이나 품종에 따라서도 달라지는데, 하루에 필요한 칼로리의 기본은 다음과 같다.

체중 5kg 전후 ⇨ 350kcal
체중 10kg 전후 ⇨ 600kcal

그 이후는 체중 5kg에 대해 200kcal씩 늘려간다. 즉, 체중이 20kg 전후인 개의 경우는 1000kcal, 30kg 전후인 경우는 1400kcal 정도이다. 다만, 이는 운동량이 일반적으로 하루에 2회씩 꼭 산책을 하고 30분~1시간은 주인이 놀아줄 때에 한한다. 산책의 양이 적거나 놀이를 하지 않는다면 위의 85%(체중 10kg 전후의 개의 경우, 600×0.85=510kcal)로 줄인다. 반대로,

하루에 필요한 칼로리의 기본	
개의 체중	필요한 칼로리
5kg 전후	350kcal
10kg 전후	600kcal
20kg 전후	1000kcal
30kg 전후	1400kcal

프리스비 등 운동량이 많은 개의 경우는 위 기록의 150%(체중 10kg 전후의 개의 경우, 600×1.5=900kcal)까지 늘려도 문제없다.

하지만 이것은 어디까지나 기준일 뿐이다. 가능하다면 매일 반려견의 체중을 재어 체중이 줄면 먹이의 양을 늘리고 비만의 기미가 보인다면 마음을 모질게 먹고 양을 줄여야 한다. 또한 훈련시킬 때 주는 간식도 하루의 칼로리에 포함되는 것을 잊지 말아야 한다.

이전에는 성견의 먹이 주기는 1일 1회가 좋다고 했지만 먹이의 횟수가 적으면 위장의 부담이 커지는 만큼 요즘은 2회로 나누어서 주는 것이 일반적이다. 7~8세를 지나 운동량이 줄어들면 1일 3회로 나누어도 좋다.

마음과 몸 8

개는 고양이 사료를 아주 좋아하지만 주지 않도록

개 사료를 안 먹게 된다

개 사료나 고양이 사료나 우리에겐 비슷해 보인다. 고양이 사료를 세일해서 싸게 판매하고 있으면 그걸 먹여도 될까 유혹을 느끼겠지만 개 사료와 고양이 사료는 엄연히 다르다.

개는 잡식동물로 과일, 곡물, 야채, 고기 등 가리지 않고 먹으며 소화·흡수가 가능하다. 그에 비해 고양이는 완전 육식동물로 고기나 생선 등 동물성 단백질만을 필요로 한다. 따라서 고양이 사료에는 개 사료에 비해 지방이나 단백질 등이 대량으로 함유되어 있다. 당연히 중량당 칼로리도 높은 편이기 때문에 이것을 개가 계속해서 먹으면 영양과다로 순식간에 비만해진다.

또 하나의 문제는 그 맛에 있다. 개의 혀에는 맛을 느끼는 미뢰가 인간의 5분의 1 수준으로 2,000개 정도밖에 존재하지 않는다. 즉, 인간과 비교하면 상당히 맛을 못 느끼는 편이다. 고양이는 그보다 훨씬 적어 500~1000개 정도의 미뢰를 가지고 있다. 게다가, 고양이가 느끼는 맛은 짠맛, 신맛, 쓴맛의 세 종류뿐이다. 육식동물인 고양이에게 '단맛'은 필요하지 않아 퇴화되어버린 것이다.

맛을 잘 못 느끼는 고양이가 맛있게 먹을 수 있도록 고양이 사료에는 육즙이나 물고기의 추출물이 많이 포함되어 있다. 그중에는 한 알 한 알의 사료에 진액이 코팅된다. 즉, 고양이 사료는 맛(짠맛은 제외)이 진해 개가 더 맛있다고 느끼게 된다. 고양이 사료를 개에게 주면 평소 먹고 있는 먹이보다 맛있게 느끼기 때문에 싱겁고 칼로리가 낮은 개 사료를 먹지 않게 된다.

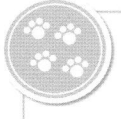 고양이 먹이를 개에게 주어도 심각한 건강 피해는 일어나지 않지만 개 사료를 고양이에게 계속해서 주면 시력이 저하되고 마침내 실명하게 된다. 이는 고양이의 망막세포에 필수적인 타우린이라는 아미노산이 개 먹이에는 충분히 포함되지 않았기 때문이다.

제4장 / 개의 마음과 몸

마음과 몸 9

발톱을 바싹 깊이 깎으면
꼬리가 잘린 것만큼이나 고통

세심한 주의가 필요하다

실내에서 키우면 잘 알겠지만 개가 걸으면 "딸깍, 딸깍"하는 소리가 날 때가 있다. 개는 고양이와 달라서 발톱을 출납하지 못하고 발톱이 바닥에 부딪히는 것이다.

개의 발톱은 잘 자란다. 야생 시대의 개는 발톱으로 땅을 할퀴며 산과 들을 이리저리 뛰어다녔기 때문에 되도록 빨리 발톱이 자랄 필요가 있었다. 그러나 현대의 개는 운동량이 현저히 줄어들었다. 그래서 발톱이 너무 자라 발바닥 패드에 찔리거나 발을 미끄러지게 해서 뜻밖의 부상을 입는 일이 늘어나고 있다. 2~3주에 한 번은 발톱을 점검하고 너무 자라 있으면 잘라주어야 한다.

그런데 발톱깎이를 꺼냈을 뿐인데 울부짖거나 어딘가에 숨어 버리는 개가 있다. 이는 주인이 발톱을 자를 때 실수로 애완견을 아프게 한 적이 있기 때문에 나타내는 반응이다. 개의 발톱을 잘 보면 뿌리에 충혈된 부분이 있다. 여기는 퀵(quick)이라고 해서 혈관과 신경이 통과하고 있다. 그래서 이곳을 끊어 버리면 출혈과 동시에 통증이 따른다.

개에게 있어서 퀵을 잘리는 것은 꼬리의 끝을 잘리는 것과 같은 정도

2~3주에 한 번은 발톱을 점검. 애완견을 안심시키면서 퀵을 자르지 않도록 신중하게 발톱을 자른다

의 통증이 수반된다. 그런 아픔을 경험하면 발톱깎이가 싫어지는 것도 당연하다. 그렇다고 해서 발톱을 깎지 않을 수는 없으므로 "괜찮아", "아프게 하지 않으니까" 등이라고 상냥한 목소리를 내면서 주의 깊게 조금씩 발톱을 자르도록 한다. 끝나면 간식 등의 포상을 주고 발톱을 깎으면 좋은 일이 있다고 가르치는 것도 효과가 있다. 발톱깎이의 공포를 잊게 하기 위해서는 이렇게 해서 신중하게 되풀이하는 수밖에 없다.

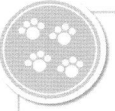 종류에 따라서는 발톱이 검은 강아지도 있다. 이 경우, 어디서부터가 퀵인지 알기 어렵기 때문에 더욱 신중하게 발톱을 잘라야 한다. 그리고 발톱 끝에서 투명한 액체(림프액)가 나오면 중지해야한다. 더 이상 발톱을 바싹 깊이 자르면 출혈을 하게 되고 통증이 따를 가능성이 크다.

마음과 몸 10

입 냄새가 마음에 걸리면 치주질환을 체크

치주질환은 치명상이 되기도 한다

반려견이 얼굴을 핥았을 때 뭐라고 말할 수 없는 고약한 냄새가 나는 일이 있다. 치주염을 앓고 있을 가능성이 있다. 어느 조사에 따르면 다섯 살을 지나면 치주염의 비율이 급격히 높아지고, 치료를 하지 않으면 열 살까지 거의 모든 개가 치주염에 걸린다고 한다.

치주염은 충치와 다르다. 애완견에게 충치가 생길 일은 좀처럼 없다. 주로 구내염을 앓는다. 흥미로운 것은 개의 크기에 따라 치주염의 진행 속도에 차이를 보인다. 일반적으로 대형견보다 소형견이 더 빠르게 악화된다. 이는 대형견도 소형견도 이빨 수가 같은 42개이기 때문이다. 소형견의 경우, 대형견과 비교하면 턱뼈가 작아 이빨이 밀집되어 자라고, 이빨 사이에 음식 찌꺼기 등이 남기 쉽다. 이를 떠받치고 있는 뼈가 대형견보다 얇아 한번 치주염에 걸리면 금방 뼈가 녹기 시작하는 등 병세가 악화된다.

개에게 이빨은 사람 이상으로 중요하다. 치주염이 악화되어 이빨이 빠지면 급격히 기력을 잃고 치주염으로 인해 나오는 고름은 신장염이나 골수염 등을 일으킨다.

3일에 한 번은 이를 닦아 준다

치카 치카

소형견은 이가 밀집해서 자라기 때문에 음식 찌꺼기가 막히기 쉽다

반려견이 건강하게 장수하기를 바란다면 먹이뿐만 아니라 이빨에도 주의를 기울이자. 구체적으로는 양치질 하는 습관을 붙이는 것이다. 이전에는 개는 충치가 없다는 이유로 양치질이 필요 없다는 전문가도 있었지만 개의 수명이 연장된 현재는 사정이 다르다. 가능하면 매일, 적어도 사흘에 한 번은 양치질을 하도록 한다. 성견이 되고 나서 시작하면 싫어하므로 새끼 강아지 때부터 양치질의 습관을 들여주자.

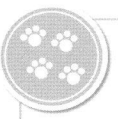 치주염의 원인이 되는 치석은 식후에 바로 증식하기 시작한다. 반려견의 이 닦기도 식후 30분 이내에 하는 것이 이상적이다. 또한 소프트 타입의 개 사료만 먹이면 치석이 쉽게 붙기 때문에 드라이 타입의 사료와 같이 먹이도록 한다.

마음과 몸 11

슬픈 감정을 모르는 개가 눈물을 흘리는 것은 왜?

눈물의 색이나 눈곱에 조심한다

반려견이 눈물을 흘리고 우는 것을 보고 뭔가 슬픈 일이 있나 걱정될 수 있다. 유감스럽게도 개에게 슬프다는 감정은 없다. 우리는 눈에 이물질이나 먼지가 들어가면 손이나 손가락으로 닦지만 개의 앞발은 그만큼 자유롭게 움직일 수 없기 때문에 일시적으로 눈물샘이 느슨해져서 대량으로 눈물을 분비하여 이물질을 씻어버리는 것뿐이다.

반려견이 눈물을 글썽이고 있는 것을 보면 귀여워서 안아주고 싶어지지만 이는 건강 상태의 적신호이다. 이대로 방치해두면 눈꺼풀이나 눈 밑에 염증이나 습진이 생기거나, 눈물에 함유된 성분이 눈에서 코에 걸친 부분의 털을 적갈색으로 물들여(눈물 화상이라고 불림) 귀여운 얼굴이 엉망이 된다.

이렇게 눈물이 대량으로 분비될 경우 각막염이나 결막염 또는 유루증을 의심해봐야 한다. 유루증이란 코로 통하는 눈물소관이라는 가느다란 관이 염증으로 막혀 눈물이 눈에서 넘쳐나는 질병이다. 특히 퍼그와 치와와, 불독 등 얼굴이 평면인 품종은 눈물소관이 복잡하게 굽어 있어 막히기 쉽다. 게다가 튀어 나온 눈을 보호하기 위해 눈물의 분비량이 많아

제 4 장 / 개의 마음과 몸

유루증에 걸리기 쉬우므로 다른 종보다 주의할 필요가 있다.
　눈물의 색이 탁해지거나 노란 고름과 같은 점액성의 눈곱이 보이면 위험신호다. 전염성 간염 등 치명적인 병일 가능성도 있으므로 한시라도 빨리 병원 진료를 받아야 한다.

 눈물 화상은 전용 로션 등으로 닦으면 회복되지만 근본적인 해결책은 아니다. 반려견의 눈물 화상이 심해서 고민하는 사람은 개 먹이를 바꾸어 보면 좋을 것이다. 1개월 정도로 눈물 화상이 사라질 수 있다.

마음과 몸 12

칭찬해도 기뻐하지 않는 것은
의미를 알지 못하기 때문

웃는 얼굴로 칭찬하는 것이 중요하다

개를 훈련시킬 때 칭찬과 꾸짖음을 정확하게 구분하는 일이 중요하다. 이는 의외로 힘든 일이다. 아무리 칭찬해도 개가 기뻐하지 않고 머리를 쓰다듬으려고 하면 두려워서 떠는 경우가 있다. 애완견이 너무 무뚝뚝하다고 생각할지 모르지만 그렇게 만든 것이 당신이다. 정확하게 칭찬하지 않았기 때문에 칭찬받고 있는 것인지 꾸중을 듣고 있는 것인지 모르는 것이다.

칭찬할 때도 가장 중요한 것은 미소이다. 개는 주인의 표정을 아주 잘 보고 있으므로 "좋아, 잘했어"라고 칭찬해도 시큰둥한 표정을 짓고 있으면 칭찬받고 있는지 모른다. 애완견이 그런 착각을 하지 않도록 칭찬할 때는 확실하게 환한 미소를 보이자.

물론, 말을 거는 것도 중요하다. 그때는 가능한 한 같은 말로 칭찬하는 것이 중요하다. 어제는 "잘했어!"라고 하고, 오늘은 "잘했구나!"라고 하면 개는 의미를 이해할 수 없다. 특히 가족이 많은 경우에는 칭찬할 때 어떤 말을 사용할 것인지 미리 정해두는 것이 좋다. 그리고 말로 칭찬하는 것과 동시에 몸을 쓰다듬어준다. 머리부터 꼬리를 향해서 손바닥으

로 이용해 쓰다듬는다. 배나 귀 등 싫어하는 곳을 쓰다듬으면 칭찬이 아니므로 주의한다.

최종 무기는 간식이다. 애완견에게 이것은 최대의 찬사이다. 단, 간식을 주는 것은 칭찬하거나 쓰다듬거나 한 뒤여야 한다. 먼저 간식을 주어 버리면 스킨십에 거부 반응을 하는 개도 있으니까 이 순서는 꼭 지키도록 하자.

마트 등에 가면 다양한 애견용 간식이 판매되고 있어 갈등을 하지만 반려견의 건강을 생각한다면 최대한 저칼로리의 간식을 선택한다. 애완용 야채 스틱(직접 채소를 데쳐도 가능) 등을 추천한다.

마음과 몸 13
—

무리하게 힘으로 가르치면
거세게 반발한다

"안 돼!", "그만!" 등의 짧은 말로

꾸짖기는 칭찬보다 더 어렵다. 능숙하게 혼내지 않으면 개는 반발하고 갈수록 문제행동을 악화시키며 때로는 보호자를 공격하기도 한다. 이 역시 당신에게 원인이 있다. 그렇다면 어떻게 꾸짖어야 할까?

우선 개는 인간의 말을 모른다는 사실을 잊지 말자. 갑자기 안 된다는 말을 들으면 그 말이 무슨 뜻인지 몰라서 혼나고 있는지 칭찬받고 있는지 개로서는 알 수 없다. 그런데도 우리는 그런 모습을 보고 반성하지 않는다고 생각한다.

칭찬할 때와 마찬가지로 혼낼 때의 말도 정해두는 것이 좋다. "안 된다", "그만둬라"라는 말 대신 "안 돼", "그만"이라고 확실하고 짧게 발음하면 이해가 빠르다. "안 돼"로 정했다고 치자. 해서는 안 되는 일을 했을 때는 곧바로 개의 눈을 보고 "안 돼"라고 혼냄과 동시에 개가 싫어하는 일을 시킨다. 싫어하는 일이라고 해도 폭력은 절대 안 된다. 큰 소리를 내거나 물총으로 물을 뿌리는 정도가 적당하다.

이때 "안 돼"라고 꾸짖는 사람과는 다른 사람의 모습으로 느껴지지 않도록 한다. 개에게 "안 돼!"라는 말과 함께 싫은 일이 일어난다(벌이 내려

진다)라고 학습시키는 것이다. 이것을 한동안 계속하면 "안 돼!"라고 말하는 것만으로 그때의 행동을 그만두게 된다.

개가 지금의 행동에 대해 정말로 혼났다고 이해했는지 아닌지는 자세를 보면 알 수 있다. "안 돼!"라고 하면 애완견이 시선을 돌리거나 몸의 움직임을 그만둔다. 또, 엎드리자마자 하품을 하면 이해하고 있다는 증거이다.

 개가 나쁜 짓을 하면 산책에 데려가지 않고 먹이를 주지 않는 벌을 주는 주인이 있다. 하지만 개는 왜 산책에 데리고 가 주지 않는지, 왜 먹이를 주지 않는지 이해하지 못한다. 이런 벌은 교육이 아니라 학대에 해당하므로 그만두자.

마음과 몸 14

꼬리를 자르면
개의 기분을 알기 어려우므로 주의

균형을 잃거나 병에도 걸리기 쉽다

 단미란 특정한 종류의 개 꼬리를 절단해서 외관상의 아름다움을 추구하는 수술이다. 원래는 투견이 싸움의 상대에게 꼬리를 물리지 말라는 데서 비롯됐다고 한다. 생후 일주일 이내에 행하는 것이 보통이고 이 시기에 단미를 하면 개는 별로 통증을 느끼지 않는다는 것이 정설이다. 그러나 실제로는 상당한 통증을 수반하는 것 같다.
 단미는 동물보호의 측면에서도 해서는 안 된다는 의견이 주류가 되고 있고, 이미 유럽에서는 '동물학대'로 금지되고 있다. 단미에는 또 하나 문제가 있는데, 개의 기분을 알기 어려워지는 것이다. 제1장에서 소개한 대로 개의 꼬리는 기분을 나타내는 중요한 부위이기 때문에 그것을 절단해버리는 것은 주인이나 다른 개와의 사이에서 행해지는 커뮤니케이션 수단을 잃어버리게 된 셈이다. 예를 들어, 꼬리를 잘라 버리면 "꽁무니를 뺀다" 등의 행동을 할 수 없다. 그 때문에 단미한 개가 강한 개와 우연히 만났을 때 항복의 의사가 전해지지 않아 공격을 받게 될 수도 있다.
 또한 꼬리에는 몸의 균형을 잡거나 코를 가려서 냉기를 직접 체내에 받아들이지 않는 기능도 있다. 그래서 원래 긴 꼬리를 가진 개의 품종을

단미했을 경우 균형감각이 상실되어 추락사고 등을 당하거나, 냉기를 빨아 들여서 호흡기계 질환을 일으킬 확률이 높아진다고 한다.

단미와 비슷한 수술로 단귀가 있다. 이것은 귀의 처진 부분을 자르고 귀를 쫑긋 세우는 수술이다. 단귀도 유럽에서는 동물학대로 금지되는 추세이다.

 개의 경우 단미는 체형의 균형을 유지하기 위해 행해졌기 때문에 절단되는 길이는 품종마다 달랐다. 가령 테리어는 끝의 3분의 1 정도지만 복서나 도베르만은 뿌리부터 절단하는 경우가 많았다.

마음과 몸 15

물고 있는 것을 강제로 빼앗으면
이식증에 걸릴 수도

물고 늘어지는 버릇이 있는 개는 요주의

개가 똥을 먹어도 이상이나 병이 아니라고 이미 앞에서 설명했다. 이와는 또 달리 눈앞에 있는 양말, 고무공, 곤충, 구근, 의약품 등을 닥치는 대로 먹는 개들도 있다. 이처럼 식용으로 적합하지 않은 것을 먹어버리는 습관을 이식증(異食症)이라고 부른다. 그중에는 유해한 것도 있으니까 그 즉시 뱉어내게 한다.

우유를 마시면 좋다는 의견도 있지만 방충제를 삼켰을 때에 우유를 마시게 하면 도리어 유독성분의 흡수가 빨라지므로 무엇을 삼켰는지 정확히 알지 못할 때는 병원을 찾는 것이 좋다. 양말이나 고무공 등 크고 꺼내기 어려운 것을 먹으면 개복 수술을 해야 하는 경우도 있고 생명의 위험도 있으므로 주의한다.

이식증에 걸리는 개들에게서는 비슷한 성향을 보인다. 우선은 달려들어 무는 것을 좋아한다. 강아지 때는 무엇이라도 달려들어 물려고 하지만 이식증 성향의 개들은 그 정도가 심하고, 한번 물면 놓지 않으려는 경향도 보인다. 항상 입에 뭔가 문 채 어슬렁거린다면 이식증이 아닌지 의심해 보자. 이때, 물고 있는 것을 강제로 빼앗으려고 하면 뺏기느니 먹는

다는 의지가 생겨 이를 계기로 이식이 시작되기도 한다.

또한 이식증은 유전된다고 한다. 어미나 형제에게 이식증이 있으면 특히 강제로 빼앗지 않도록 유념하자. 이식증은 스트레스가 방아쇠 역할을 하는 경우도 있으므로 다른 개보다도 애정을 쏟아서 키울 필요가 있다.

 이제까지 평범한 식생활을 하고 있었는데 돌연 이식증의 경향을 보이기 시작하면 기생충도 의심해봐야 한다. 촌충이나 회충 등이 기생하고 있으면 소화 장애를 일으켜 평소 절대 먹지 않는 것을 먹을 수 있다.

마음과 몸 16

돌발성 공격은 예측할 수 없는 위험한 병

예고도 없이 발작적으로 화를 낸다

개가 다른 동물(사람을 포함)을 공격하는 주된 이유는 다음 네 가지이다.

- **세력범위를 방어** 자신의 세력범위에 침입해 온 동물을 배제하기 위해서.
- **우위성을 선점** 자신보다 하위의 개체에게 행동을 제약 받거나 자신이 상위에 있음을 내보일 때 발생한다. 주인이 공격하는 것은 개에게 "서열 아래"로 여겨지고 있기 때문.
- **보호를 요청** 엄밀하게는 공격이라고 말할 수 없지만 물면 상대해줄 것을 기대하고 발생하는 경우.
- **공포감** 쥐, 고양이를 무는 패턴. 내몰렸을 때 발생.

이러한 공격은 훈련을 통해 억제할 수 있지만 돌발성 공격은 예측이 전혀 되지 않고, 게다가 지금으로서는 유효한 대책이 없다.

돌발성 공격은 '스프링거의 돌발성 격노증후군'이라는 병에 따른다. 스프링거 스패니얼이라는 개 품종에서 처음 발견됐기 때문에 이 병명이 붙었지만 레트리버나 테리어 등에서도 발병한 사례가 있으므로 다른 품종이라도 안심할 수 없다.

돌발성 공격은 아무런 예고도 없이 발작적으로 성내고 닥치는 대로 공

격한다. 게다가 이때는 가차 없는 공격이어서 피해견이 생명을 잃을 수도 있으며 사람도 중상을 입게 된다. 그런데 이때 정작 개 자신은 전혀 의식이 없다. 발작이 가라앉으면 한동안 멍하니 있다가 곧 평소의 상태로 돌아온다. 뇌 질환으로 인해 발병한다는 설도 있다. 반려견에게 이런 증상이 보이면 빨리 수의사를 찾아 상담 받자.

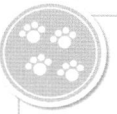
스프링거 스패니얼은 조류 사냥개의 대표적 품종이다. 발 빠름과 지구력을 갖고 은신처에서 사냥감을 몰아내는 것이 가장 자신 있는 잉글리시 스프링거 스패니얼과 인내력이 있고 혹서, 혹한에도 견딜 수 있는 웰시 스프링거 스패니얼이 유명하다.

마음과 몸 17

겁먹은 태도의 개는 인간에 대한 공포증

개에게 자신감을 붙이는 것이 중요

유기견을 분양 받았을 때 시간이 지나도 겁먹은 태도가 사라지지 않는 경우가 있다. 이는 주인과의 이별, 미아가 됐을 때의 불안, 포획될 때의 공포 등이 남아 겁쟁이가 된 것이다. 더군다나 학대당한 기억이 있다면 당연히 사람이 무서울 수밖에 없다.

이러한 공포증은 사람에게도 나타나는데, 거미나 벌레 등의 특정 대상을 보면 한 발짝도 못 움직이는 등 일상생활에 지장을 줄 만큼의 어떤 공포를 느끼는 증상이다.

공포증을 극복하기 위해서는 그 공포의 대상에 점차 익숙해지는 것이다. 즉, 사람을 두려워하는 개라면 사람에게 조금씩 적응시켜야 한다. 이때 반드시 지켜야 할 것은 애완견이 싫어하는 행동은 피해야 한다는 점이다. 예를 들어 애완견의 눈을 보고 다가가거나 마운팅처럼 위에서 덮치는 것 같은 행동, 귀나 꼬리 등을 잡아당기는 행동, 배를 갑자기 만지는 행동 등은 피해야 한다. 게다가 개 앞에서 손을 들거나 도구를 들어 올리는 것도 금물이다. 개에 따라서는 그 포즈에서 학대당했던 기억이 되살아날 수도 있기 때문이다.

다가갈 때는 개가 경계심을 갖지 않도록 곡선을 그리면서 간다. 등을 보이면서 가깝게 다가가면 아주 좋은데, 자칫 잘못하면 개를 밟을 수도 있으니 주의한다. 무서워하고 있는 개는 필사적으로 반격에 나설 가능성이 있으니 전체적인 과정을 천천히 진행하도록 한다. 주인을 가까이 하게 되면, 명령에 따르는 것을 가르친다. 이때 중요한 것이 잘 못해도 꾸짖지 말고 칭찬하면서 가르쳐서 개에게 자신감을 주는 것이다.

 개를 가르칠 때 금기인 것이 다른 개와 비교하는 것이다. 말을 알아들을 수 없다고 생각하고 "○○씨의 개는 할 수 있는데 왜 우리 개는 안 될까" 등으로 중얼거리고 있으면 개는 주인의 이러한 마음을 민감하게 감지하고 위축되어 버린다.

마음과 몸 18
―

바우링걸이 없어도
울음소리로 애완견의 기분을 파악

나의 마음을 알아줬으면 좋겠어

'이그 노벨상'은 사람들을 웃기고 그리고 생각하게 하는 연구에 대해 주어지는 국제적인 상이다. 2002년에는 '바우링걸'이라는 개소리 번역기가 이그 노벨상을 수상했다. 이는 개의 울음소리를 분석해서 무엇을 호소하고 있는지를 알려주는 커뮤니케이션 툴이다.

쓸데없는 짓이라 여길지 모르지만 실제로 개 울음소리에 감정이 실린다고 한다. 바우링걸의 개발에 참여했던 소리의 전문가이자 일본음향연구소 소장인 스즈키 마쓰미에 따르면 "개의 소리는 사람의 목소리 이상으로 마음을 전하고 있다"고 한다.

하지만 굳이 바우링걸을 사용하지 않아도 애완견의 울음소리를 통해 어느 정도 감정을 유추할 수 있다. 앞에서 소개한 대로 큰소리로 확실하게 "멍!"하고 짖는 것이 기분이 좋다는 표현이다. 동네에 안면이 있는 개가 이렇게 짖을 때에는 안부를 묻는 인사니까 손을 들어 받아주면 된다.

"끄응~ 끄응~"하고 낮은 목소리로 울고 있는 것은 욕구불만이 쌓여 있는 증거다. 불안하고 초조한 상태에 있는 것이다. 이런 상태가 더 심해지면 "으르릉", "크르릉" 같은 신음소리가 된다. 그 이상 가까워지면 공

격하겠다는 과시이기도 하므로 접근에 유의한다.

"캉~"이나 "끙~"과 같은 소리를 냈을 때는 뭔가 부탁을 하는 것이다. 어쩌면 산책을 요구하고 있는지도 모른다. "킁킁"이라고 코를 울리게 우는 것은 외롭다는 표현. 이런 목소리를 들으면 안아주자.

 "한숨을 쉬면 행복이 달아난다"라는 말처럼 개의 한숨도 별로 좋은 징후가 아니다. 왜냐하면 필라리아증의 가능성이 있기 때문이다. 필라리아증은 사상충이 모기 등을 매개로 개의 체내에 들어가 기생하여 발병하며 개의 생명을 빼앗을 수도 있다.

마음과 몸 19

함께 자동차로 여행을 하고 싶을 때는 매일 조금씩 적응시키기

차의 흔들림이나 화장실을 배려한다

가끔 애완견과 함께 자동차 여행을 떠나야 할 때가 있다. 하지만 애완견에게 자동차는 전혀 예상치 못한 공간이다. 자동차의 흔들림이나 소음은 애완견에게 낯설다. 갑작스레 이런 상황에 처하게 되면 대부분의 애완견들이 겁에 질려버린다.

애완견이 자동차에 익숙해지기 위해서는 적응 훈련이 우선이다. 처음에는 집 근처를 빙글빙글 도는 것부터 시작한다. 큰 차가 옆을 스쳐 지나가면 애견은 공포를 느끼게 되므로 교통량이 적은 심야나 새벽이 좋다. 이렇게 서서히 시간과 거리를 늘려간다. 평상시에는 분리불안이 없는 경우라도 차라는 낯선 공간에 나 홀로 놓여지면 강한 불안을 느끼게 되므로 처음에는 출발부터 귀가까지 항상 함께한다. 조금 익숙해지면 편의점 등에 들러서 물건을 산 후 빠른 시간 안에 차로 돌아가도록 한다. 이렇게 해서 애완견이 차 안에서 잘 기다리면 포상을 주어서 칭찬해 준다.

사람은 차에 타고 있으면 "다음은 오른쪽 커브이기 때문에 몸이 왼쪽으로 기울어진다"라고 무의식중에 몸을 버티지만 개는 그럴 수 없다. 대

수롭지 않은 커브라도 균형을 잃기 쉬우므로 개를 태우고 있을 때에는 평소보다 더욱 속도를 내는 일에 조심해야 한다.

  장시간의 드라이브에 적응이 되었다고 해도 준비를 소홀히 해서는 안 된다. 탑승중에 화장실에 가고 싶지 않도록 먹이도, 물도 출발 한 시간 전까지 끝낸다. 평소는 차 안에서 얌전하게 있는 개가 불안한 표정으로 여기저기 냄새를 맡기 시작하면 화장실에 가고 싶다는 신호이다. 이럴 때는 되도록 빨리 안전한 장소에 멈추고 밖으로 내보내준다.

 차에 익숙해진 개는 창문으로 얼굴을 내밀고 싶어 한다. 하지만 개는 차의 속도를 이해할 수가 없어서 발정하고 있는 암캐가 우연히 눈에 띄면 서슴없이 창문으로 빠져나가 버린다. 이런 사고를 방지하기 위해 개를 태우고 있을 때는 창문을 절대로 열지 말아야 한다.

마음과 몸 20

구두나 슬리퍼를 좋아하는 것은
씹는 기분 때문

손님의 구두는 반드시 신발장에 넣는다

손님이 돌아가려고 할 때 문득 현관을 보면 구두가 한 짝 없어져 있는 경우가 종종 있다. 범인은 뻔하다. 온 가족이 총출동하여 구두를 찾아도 어디에 숨겼는지 전혀 짐작이 가지 않고 결국 손님은 다른 신발을 신고 돌아가는 일이 발생한다. 난처한 일이지만 개는 이런 장난을 아주 좋아한다. 왜 그럴까?

그것은 아무래도 소재에 있는 것 같다. 구두는 가죽이나 고무라서 그 단단함이 개가 씹기에는 아주 적합하다. 그러고 보면 애완견 장난감 대부분이 고무와 같은 소재로 만들어져 있음을 알 수 있다. 구두의 가죽이나 구두창의 고무는 그것보다 상당히 단단하게 마무리되어 있지만 씹지 못할 것이 없다. 특히 장난치기를 좋아하는 새끼 강아지는 호기심이 많아 무엇이라도 달려들어 물려고 하므로 송곳니가 박히는 구두를 좋아한다.

아주 좋아하는 것, 중요한 것은 어딘가에 소중히 숨겼다가 나중에 천천히 즐기는 것이 본능이다. 우리에게는 장난으로 보이지만 개는 그 본능을 따르는 것으로 전혀 악의는 없다. 엄격한 훈련에 의해 가족의 신발에는 장난을 하지 않게 된 경우라도 평소와는 다른 낯선 냄새가 풍기는

개는 씹는 느낌이 좋은 구두를 매우 좋아한다. 본능에 따라 구두를 숨길 뿐 악의는 없다

손님 구두의 매력에는 저항할 수 없다. 처음에는 겁내면서 다가오더라도 일단 덥석 물어버리면 흥분해서 아무도 모르는 비밀 장소에 숨겨버리는 것이다.

어디에 숨겼냐고 아무리 캐물어도 애완견은 그 의미를 전혀 모르기 때문에 은닉한 장소에 알려줄 가능성은 없다. 그러니 손님이 오면 신발은 반드시 신발장 등에 넣어 두어야 한다.

개가 신발을 신고 있는 것을 보고 "과잉보호다"라고 눈살을 찌푸리는 사람도 있지만 개의 발바닥 패드는 부드러워서 의외로 상처나기 쉽다. 독일 뒤셀도르프에서는 중요한 경찰견이 다리를 다치지 않도록 신발을 신고 수사를 한다고 한다.

마음과 몸 21

더위는 질색
열사병에 주의

여름에 산책은 가혹한 운동

개는 더위를 아주 힘들어 한다. 우리는 동물들이 사람보다 몸이 튼튼하다고 여기기 쉽지만 여름에만은 그렇지 않다. 발바닥 패드 말고는 따로 땀샘이 없는 개들은 체내에 쌓인 열을 발산해내기 어렵다. 사람보다 훨씬 열사병에 걸리기 쉽고 이로 인해 내장기관 등에 심각한 손상을 입을 수도 있다. 그래서 여름에는 특히 애완견의 건강관리가 중요하다.

특히 산책 때 걷는 속도가 평소보다 느리거나 도중에 몇 번이나 멈추게 되면 열사병의 전조로 생각해야 한다. 실내에서 키우고 있는 경우에는 산책을 나가고 싶어하지 않게 된다.

이런 때는 물을 충분히 먹이고 아침저녁 시원한 시간에 산책을 나가자. 그래도 산책 가기를 꺼려하면 며칠간은 산책을 중단하는 것이 좋다. 며칠 지나서도 산책을 기피하고 수면시간이 늘어나거나 먹이를 절반 이상 남긴다면 여름을 타는 것이므로 수의사에게 진찰받도록 한다. 먹이를 먹는 양이 더 줄거나 거의 입을 대지 않게 되면 중증이다. 이름을 불러도 돌아보지 않고, 설사나 구토가 있으면 빨리 병원에 가야 한다.

여름의 산책은 개에게 가혹한 운동이다. 여름의 직사광선은 노면을

열사병
산책할 때 걷는 속도가 느려지거나 도중에 멈추거나 한다.

더위
산책에 가고 싶어하지 않고 잠든 시간이 많아지거나 먹이를 절반 이상 남긴다.

중증의 더위
이름을 불러도 뒤돌아보지 않고, 설사나 구토를 한다.

50℃ 이상으로 데우고 거기서 복사열이 발생하기 때문에 노면 가까이에 있는 개의 체온은 급격히 상승한다. 체온을 낮추려고 혀를 내밀고 거친 호흡을 해도 노면 온도가 높아서 잘 되지 않는다. 특히 소형견은 목의 갈증을 느끼기 어려우므로 체내의 수분 부족으로 컨디션이 무너지기 쉽다. 하루 일과라고 무리하게 산책에 데리고 나가는 것은 피한다.

 개의 평균적인 체온은 38℃ 전후. 동물은 체온이 42℃ 이상이 되면 몸의 조직이 변이해서 사망하기 때문에 개의 경우 체온이 불과 4℃ 상승하는 것만으로도 생명의 위기를 맞게 된다. 개가 쾌적하게 지낼 수 있는 것은 기온 24℃ 전후, 습도 50% 전후의 환경이다.

마음과 몸 22

개에게 옷을 입히면 정말 기뻐할까?

체온 저하나 수술 후 등에는 필요

애완견에게 옷을 입히는 경우가 꽤 있다. 나들이 옷이나 포멀 드레스를 파는 가게도 있다고 하니 이미 큰 시장이다. 반면에 애완견에게 옷을 입히는 것은 동물학대가 아니냐는 의견도 적지 않다. 이에 대해 견주들은 우리 개는 옷을 입히면 기뻐하기 때문에 학대가 아니라고 반론한다. 과연 그럴까?

  색이 고운 옷과 드레스를 입혀도 개는 그 색을 정확하게 판단할 수 없다. 디자인의 좋고 나쁨을 판단할 수 없는 것은 물론이다. 그렇다면 옷을 입고 좋아하는 개들은 왜 그럴까? 옷을 입으면 주인이 칭찬해주고 주목해주기 때문이다. 애완견은 그것을 좋아하는 것이지 옷을 입은 것 자체를 기뻐하고 있는 것이 아니다.

  그렇다고는 해도 옷을 입히면 장점도 몇 가지 있다. 예를 들어 치와와 등의 소형견이나 나이가 많은 개는 추위에 약하므로 겨울에 산책을 시킬 때 옷을 입히면 체온을 유지하는 데 도움이 된다. 대형견이나 젊은 개라도 비 내리는 날에 비옷을 입히면 체온 저하를 막거나 산책에서 돌아온 후에 털을 말리는 수고를 덜 수 있다.

또한 최근에는 알레르기 증상을 가진 개들이 늘고 있어 꽃가루 등이 몸에 붙지 않도록 옷을 입히는 보호자들도 있다. 수술이나 부상의 치료 등을 할 때도 그 부분을 핥지 않도록 옷을 입힌다.

단, 여름철에 옷을 입히는 것은 피하자. 개는 땀을 배출할 수 없어 더위에 약한데 거기다 옷까지 입히면 더욱 열사병에 걸리기 쉽다.

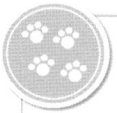 일반적으로 대형견보다 소형견이 추위에 약하다고 한다. 이는 작은 동물일수록 몸속에서 많은 열을 발생시키지 않으면 체온을 유지하기 힘들기 때문이다. 한랭지에 사는 항온 동물의 몸이 큰(흰 곰이나 말코손바닥사슴 등) 것은 이 때문이다.

마음과 몸 23

개헤엄 모든 개가
다 할 수 있을까?

싫어하면 억지로 시키지 않는다

고개를 들고 양발로 물을 저어 헤엄치는 방법을 개헤엄이라고 부른다. 개의 영법을 닮아서 붙은 이름이다. 하지만 모든 개가 개헤엄을 할 수 있는 것은 아니다. 물에 들어가는 것이 서투르거나 전혀 헤엄칠 수 없어서 빠져버리는 경우도 있으므로 갑자기 강과 바다에서 헤엄을 치게 하는 것은 위험하다.

원래 개는 수영을 잘한다. 특히 사냥개는 물속에 떨어진 먹이도 회수해올 수 있도록 훈련되어왔기 때문에 수영을 잘하는 품종이 많다. 그러나 어릴 때부터 몸을 씻는 것 외에는 물에 들어가본 경험이 없는 실내견의 경우 원래 잘했던 헤엄도 잊어버리는 경우가 드물지 않다. 이어 목욕할 때의 경험이 트라우마가 되어 물을 두려워하는 개들도 있다.

만약 애완견에게 수영을 시키고 싶다면 생후 1개월 정도부터 물(따뜻한 물)이 깊지 않은 욕조에 넣고 적응시킨다. 어린 아이와 마찬가지로 장난감 등을 넣어서 가지고 놀게 하는 것도 효과적이다.

물을 무서워하지 않더라도 바로 강이나 바다로 데리고 가는 것은 위험하다. 특히 바다의 경우 헤엄칠 수 있는 개라도 바닷물의 소금 맛과 파도

의 크기에 놀라서 물에 빠지곤 한다. 이렇게 강이나 바다에서 무서운 경험을 한 개는 두번 다시 헤엄치려고 하지 않게 되므로 처음이 중요하다. 바다의 경우라면, 물가에서 충분히 놀다가 조금씩 물속으로 유혹해보자. 만약 싫어하면 절대 강요하지 말아야 한다. 강요하면 할수록 개는 물을 두려워하게 된다.

능숙하게 개헤엄을 할 수 있거나 물놀이를 좋아하는 개라도 의외일 만큼 물을 많이 삼키게 된다. 물놀이를 한 뒤에는 충분히 휴식시키고 나서 이동한다. 그렇게 하지 않으면 설사나 구토 등을 해서 차 안이나 실내를 더럽히게 된다.

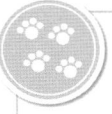 만약 친근한 래브라도 레트리버가 근처에 있다면 손가락 사이를 한번 보자. 물갈퀴가 있을 것이다. 이는 래브라도 레트리버가 강이나 연못에 빠진 물새를 회수하기 위해서 만들어진 품종이기 때문이다.

마음과 몸 24

개의 수명은 몸의 크기와 반비례 소형견일수록 장수

열 살이 지나면 암이 많이 발생한다

우리는 20세면 성인으로 여기지만 개가 성견이 되기까지 걸리는 시간은 불과 1년이다. 개의 1년은 인간의 20년에 해당한다. 그렇다면 애완견이 다섯 살이면 사람으로 치면 100세가 되어야 하지만 사실 개의 나이 계산법은 사람과는 상당히 다르다. 태어나서 1년이 지나 어른이 된 개는 2년째부터는 사람의 5년에 해당하는 나이를 먹는다. 곧 다섯 살이 된 개의 연령을 사람에 환산하면 20+(5-1)×5=40세가 되고 사람 나이로 치면 중년에 해당한다.

견주에게는 애완견의 수명이 최대의 관심사일 것이다. 일반적으로 몸의 크기와 개의 수명은 반비례한다고 한다. 가령 토이 푸들이나 닥스훈트 등의 소형견은 15년 전후, 시바견 등의 중형견은 13년 전후, 그리고 레트리버 등 대형견의 수명은 10년 전후라고 한다.

요즘은 개 사료의 개량이나 실내 사육의 증가, 의료기술의 진보 등으로 스무살 가까이 장수하는 개도 드물지 않다. 다만 장수하면서 지금까지는 별로 알려지지 않았던 질병에 걸리는 애완견도 늘어나고 있다. 예를 들어 암은 10세를 지나면 몸의 면역력이 떨어지기 시작하기 때문에

일반적인 개의 수명

견종		수명
소형견 토이 푸들이나 닥스훈트 등		약 15세
중형견 시바견 등		약 13세
대형견 레트리버 등		약 10세

제4장 / 개의 마음과 몸

발병할 확률이 급격히 높아진다. 15세가 넘은 개 중에는 사람처럼 치매에 걸리기도 한다. 또, 하반신이 약해져 산책할 수 없게 되는 경우도 많기 때문에 밖에서만 볼일을 보는 버릇은 일찌감치 고쳐두는 게 좋다.

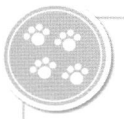 평균 수명이 가장 긴 개의 품종은 시퍼키(Schipperke)라고 한다. 시퍼키는 목양견을 소형화해 배 안에서 쥐를 잡던 포획견이다. 여우와 같은 표정을 하고, 경계심과 충성심이 강한 것이 특징이다. 평균 수명이 무려 20세 전후!

마음과 몸 25

개의 노화는 일곱 살 때부터
서서히 시작

체중의 증가로 나타나는 노화

일반적으로 개의 노화는 7세 정도, 사람 나이로 환산하면 50세 정도부터 시작된다. 노화의 징후는 체중의 증가로 나타난다. 지금까지와 같은 양의 먹이밖에 주지 않는데 조금씩 군살이 붙기 시작한다. 근육량과 운동량이 줄어드는 동시에 기초대사가 저하되기 때문에 일어나는 현상이다.

그렇다고 해서 갑자기 식사량을 줄이면 산책 때 길에 떨어져 있는 것을 먹거나 이식을 할 수 있으므로 먹이를 노견용 사료로 바꾸고 양은 그대로 주어 칼로리를 줄이는 방안을 써야 한다.

열 살을 넘기면 사람과 접촉하는 것을 싫어하기도 한다. 이는 관절염을 앓고 있다는 증거다. 몸에 손이 닿으면 관절에 심한 통증이 가해지기 때문이며 안타까운 경우 손을 대면 달려들어 물려고 하는 개도 있다. 평소 얌전했던 애완견이 공격적인 성격으로 급변해서 보호자는 놀라기 마련인데, 그 이면에는 이런 안타까운 사정이 있다. 애완견이 달라졌다고 매정하게 대할 것이 아니라 몸에 닿지 않도록 애정을 쏟아줄 필요가 있다.

이름을 불러도 돌아보지 않고 다가가면 놀라서 짖게 되는 것도 이 시기다. 이는 청력이 나빠지고 있기 때문에 발생한다. 주인의 발소리를 알

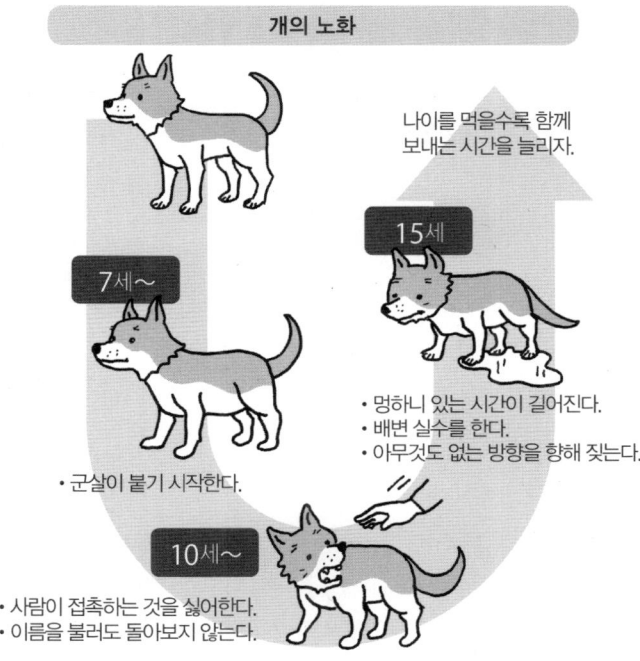

아차릴 수 없어, 갑자기 나타났다고 느끼기 때문에 놀라서 짖는 것이다.

15세가 넘어 멍하니 있는 시간이 길어지거나 아무데나 실수를 하고 아무것도 없는 방향을 향해서 짖는 등의 증상이 나타났을 때에는 치매의 가능성을 의심해봐야 한다. 실내에서 키우고 게다가 혼자서 집을 지키던 애완견은 특히 치매에 걸리기 쉬우므로 나이를 먹으면 집에서 같이 보내는 시간을 늘리도록 하자.

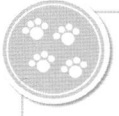
치매 예방에는 적당한 운동을 시키는 것이 좋다. 노견은 걷는 속도가 느려지기 때문에 산책에 오랜 시간이 걸리게 된다. 재촉하지 않고 개의 페이스로 걷게 한다. 참고로, 가장 장수한 개는 오스트레일리아의 목양견 블루 이(blue-ee)로 29세 5개월까지 살았다고 한다.

마음과 몸 26

광견병은 현재도 맹위를 떨치는 무서운 전염병. 특히 해외에서는 조심

국내의 개만큼 안전하지 않다

국내에서는 광견병에 걸리는 경우가 드물지만 세계적으로 아직 흔한 질병이다. 예를 들면 2016년, 인도에서는 연간 7,400명이나 되는 사람이 광견병을 앓았으며 필리핀에서도 연간 550명 이상이 발병했다. 애견인들은 해외 여행중에도 개를 보면 다가가기 쉬운데, 말리고 싶다. 사람이 광견병이 있는 개에게 물리면 다음과 같은 단계로 증상이 진행된다.

- **전구기** 잠복기간은 4~6주일. 낫기 시작한 상처가 다시 아프고 몸에 마비가 나타난다. 불안으로 우울한 기분이 이틀 정도 지속된다.
- **흥분기** 이유 없이 짜증나고 소리나 냄새에 민감해진다. 동시에 목이 막힌 듯한 느낌이 들면서 호흡과 음식 섭취가 어려워진다. 심하게 목이 마르지만 물을 생각하면 음식물을 삼킬 때 움직이는 근육이 심한 경련을 일으킨다. 과거에 광견병을 광수증이라고 부르던 것은 이 증상에서 유래된다. 진행하면 정신착란을 일으키는 사례도 있다.
- **혼수기** 흥분기가 3~5일간 이어진 뒤 심한 경련 발작 또는 뇌신경과 전신 근육이 마비되어 심부전이나 호흡 부진으로 사망한다.

광견병 예방에는 백신이 유효하지만 발병 후의 약은 존재하지 않고 사망률이 매우 높은 무서운 질병이라는 점을 명심하자.

제5장

수컷과 암컷의 행동학

수컷과 암컷 1

수컷과 암컷 어느 쪽이 키우기 쉬울까?

여러 가지 조건을 비교한다

애완견을 고를 때 견종과 함께 중요시되는 것이 성별이다. 일반적으로는 수컷은 천방지축, 암컷은 얌전한 것으로 인식되어 있으므로 아파트 등 실내에서 키우는 소형견을 찾는 사람들은 암컷을 선택하는 경우가 많다.

하지만 암컷은 1년에 두 번 발정이 와서 그 시기에는 정서적으로 불안정해질 수 있다. 평소에는 얌전한 개임에도 불구하고 초조해서 보호자에게 으르렁거리거나 달려들기도 한다. 발정은 3주 정도 지속된다. 그 시기만 참으면 원래 얌전한 성격으로 돌아오지만 갓난아기나 어린이가 있는 가정에서는 이런 변화가 1년에 두 번 있음을 염두에 두지 않으면 불의의 사고가 일어날 가능성이 있으므로 주의해야 한다.

수컷은 분명히 암컷보다 행동적이지만 개체에 따라 성격은 크게 다르다. 모든 수컷이 발랄하다고 할 수는 없다. 새끼 때 관찰을 통해 어느 정도 파악할 수 있으므로 그때 얌전한 성격을 고르면 수컷도 키우기 힘들지만은 않다. 수컷은 실내에서도 한쪽 다리를 올리고 오줌을 싸서 싫다고 하는 사람도 있지만 훈련을 통해 쪼그리고 앉아 볼일을 보게 할 수 있다. 이것도 그다지 문제 되지 않는다. 다만, 수컷이 영역 표시를 하는 습성

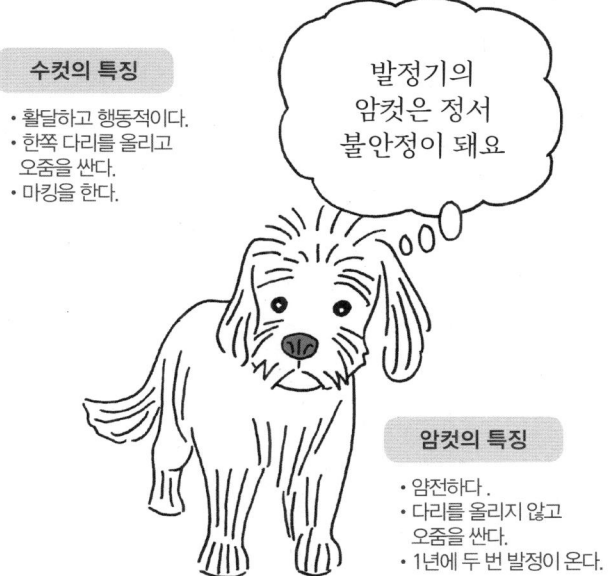

수컷의 특징
- 활달하고 행동적이다.
- 한쪽 다리를 올리고 오줌을 싼다.
- 마킹을 한다.

발정기의 암컷은 정서 불안정이 돼요

암컷의 특징
- 얌전하다.
- 다리를 올리지 않고 오줌을 싼다.
- 1년에 두 번 발정이 온다.

제5장 / 수컷과 암컷의 행동학

이 강해 그것이 고민이 될 수 있다.

  새끼 낳는 것을 원하는 경우에는 지인이 같은 품종의 암컷을 키우고 있어서 협력해주지 않는 이상 수컷에게서 새끼를 기대하기는 어렵다. 암컷 한 마리를 키우고 있는 경우는 브리더(breeder: 교배와 번식을 시도하는 전문 사육사) 등에 의뢰도 가능하므로 비교적 편하게 번식시킬 수 있다.

 수컷은 확실히 암컷보다 장난이 심하고 공격적이지만 그것은 사람처럼 수컷을 대할 때만 그렇다. 암컷을 접했을 때에는 남성과 마찬가지로 쑥스러워하고 상당히 난폭한 일을 당하더라도 화내지 않는다.

수컷과 암컷 2

발정하는 암컷의 냄새를 맡으면 성격이 돌변하는 수컷들

산책할 때는 주의한다

발정기의 암컷은 특유한 냄새(성 페로몬)를 발산해서 수컷을 흥분시킨다. 평소 얌전하던 수컷이라도 다른 수컷과 싸움을 하거나, 발정기의 암컷을 끈질기게 쫓아가며 몇 미터 높이의 담장을 뛰어올라가기도 한다. 번식에 대한 생각밖에 없어 식욕을 완전 상실하는 수컷도 있을 정도다.

이처럼 평소에 볼 수 없던 행동을 한다. 자택이나 근처에 발정기의 암컷이 있을 경우에는 산책시 주의가 필요하다. 하지만 수컷에게는 발정기를 맞이한 암컷과 번식행위를 하는 것은 지극히 당연하다. 이것을 억지로 막으면 수컷은 강한 스트레스로 털이 빠지거나 주인에게 반항할 수 있다.

따라서 암컷의 보호자는 발정기가 시작되면 다른 개가 많이 모이는 장소에 애완견을 데리고 가지 않도록 한다. 발정기가 시작되면 암컷이라도 수컷의 마킹(영역표시)과 같은 행동을 취하는 경우가 있다. 이는 성 페로몬을 포함한 오줌을 여기저기에 남김으로써 수컷들에게 발정하고 있다고 알리는 행동이다. 뿐만 아니라 털의 광택이 좋아지고 생식기가 충혈해서 부풀어 오르고, 평소 산책을 싫어하는 개도 침착성을 잃고 밖으

성 페로몬 냄새를 맡은 수컷은 번식만 생각하게 된다

로 나가고 싶어한다.

  이 시기에 먹이를 전혀 먹지 않는 암컷도 있는데 발정이 끝나면 식욕이 다시 돌아오므로 크게 걱정할 일은 아니다. 어떻게든 먹이려고 좋아하는 것만 주면 나중에는 사료에는 입도 대지 않게 되므로 주의한다. 이 시기에 모유를 흘리기도 하는데 젖은 만지지 말고 흘러내린 모유를 닦아주면 된다.

 출산 경험이 없는 7세 이상의 암컷은 자궁축농증이라는 병이 발병할 확률이 높다고 한다. 자궁축농증은 자궁 속에 고름이 쌓이는 병으로 발정 후 1개월 전후에 발병한다. 병의 진행이 빨라 불과 2주 만에 목숨을 잃기도 한다.

수컷과 암컷 3

생식기의 출혈은 발정기가 가깝다는 알림

대형견은 발정 간격이 길다

개가 처음으로 발정하는 것은 생후 6~10개월. 아직 새끼 강아지라고 생각하는 시기에 갑자기 출혈을 일으키므로 놀랄 만하지만 일반적인 성장 과정이므로 걱정하지 않아도 된다. 다만, 대형견의 경우에는 이것보다 늦는 경우가 많아 1년 이상 지나고 나서 첫 발정이 오기도 한다.

그 이후는 한 해에 두 번 꼴로 발정을 반복하지만 그 간격도 대형견은 길고, 긴 경우 한 해에 한 번 발정하는 개도 있다. 일반적으로 발정은 3주 정도 지속되는데, 그 기간을 '발정 전기'와 '발정기'로 나눌 수 있다. 발정 전기에는 자궁 속의 혈액량이 급증해서 생식기가 붓고 곧 발정 출혈이 일어난다. 이 출혈은 10일가량 이어지지만 개체에 따라 양에는 차이가 있고 스스로 핥아버리기 때문에 출혈을 확인할 수 없는 개도 있다. 반대로, 출혈량이 많은 경우에는 생리용 기저귀를 붙여 두지 않으면 카펫이나 가구를 더럽힐 수 있다. 뿐만 아니라 이 시기에는 수컷을 받아들이려고 하지 않고 수컷이 다가오면 달려드는 경우도 있다.

출혈이 누그러지면 발정기의 시작이다. 이때부터 배란기라 할 수 있으며 10일간 지속된다. 꼬리를 좌우로 움직이며 수컷에게 충혈된 생식

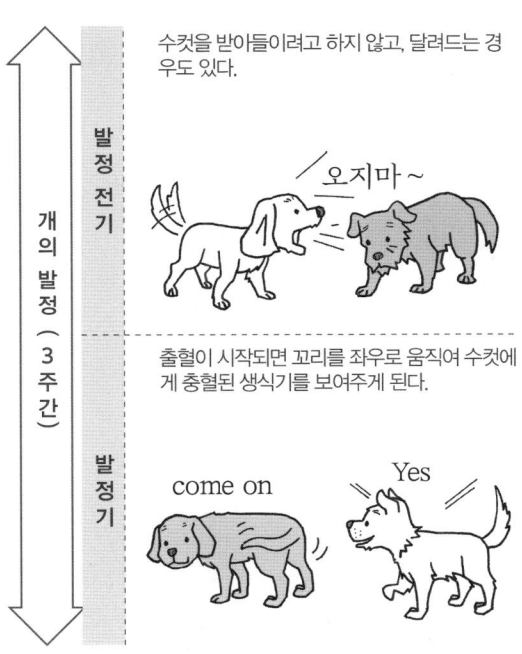

　기를 보여주려 한다. 발정기에 접어든 암컷은 면역력이 저하되므로 평소보다 위생 면에서 더 신경 써주어야 한다.
　교미도 하지 않았는데 암컷의 젖이 뻣뻣해지거나 배가 부풀어 오는 경우가 있다. 이것은 '가상 임신'이다. 임신하지 않은 경우에는 3개월 정도면 되돌아온다.

발정 전기의 암컷을 흙이나 모래가 많은 곳에서 산책시키면 엉덩이가 더럽혀지기 쉽고, 방광염 등의 감염증을 일으키는 일이 있다. 엉덩이가 더러워질 경우에는 그대로 방치하지 말고 반드시 미지근한 물로 씻어 준다. 단, 이 시기에 샴푸는 절대 금지이다.

수컷과 암컷 4

교배한 것만으로는 불충분 교미결합 확인

이 상태에서는 놀라게 하지 않는다

교배는 암컷의 출혈이 없어진 후 10일 동안 계속되는 발정기에 한다. 10일 중에서도 임신 성공률이 높은 것은 5일째로 여겨지므로 발정기의 시작을 최대한 정확하게 아는 것이 중요하다. 브리더에 의뢰했을 경우 이 기간 내에 2회의 교배를 하는 것이 일반적이다.

커플로 키우고 있거나 지인의 개와 교배를 할 경우, 처음의 발정기를 이용했을 때의 교배는 성공률이 낮고 게다가 혈통서도 발행되지 않는 규칙이 있기 때문에 피하는 쪽이 무난하다. 암컷의 경우 2~8세까지 출산이 가능하므로 그 기간 중에 시도하도록 한다. 교배 방법은 수컷과 암컷을 같은 방에 넣어 서로의 자주성에 맡기는 '자연교배'가 일반적이다. 때로는 궁합이나 신체적인 문제로 교미가 잘 안 되는 경우가 있다. 그것도 자연의 섭리다. 하지만 무슨 일이 있어도 꼭 그 두 마리의 새끼를 원하는 경우에는 수컷으로부터 정액을 채취해서 인공수정을 하는 경우도 있다.

자연교배의 경우 먼저 수컷이 암컷에게 마운트해서 교미를 한다. 잠시 후 마운트는 종료하지만, 수컷과 암컷의 엉덩이를 붙인 상태가 계속

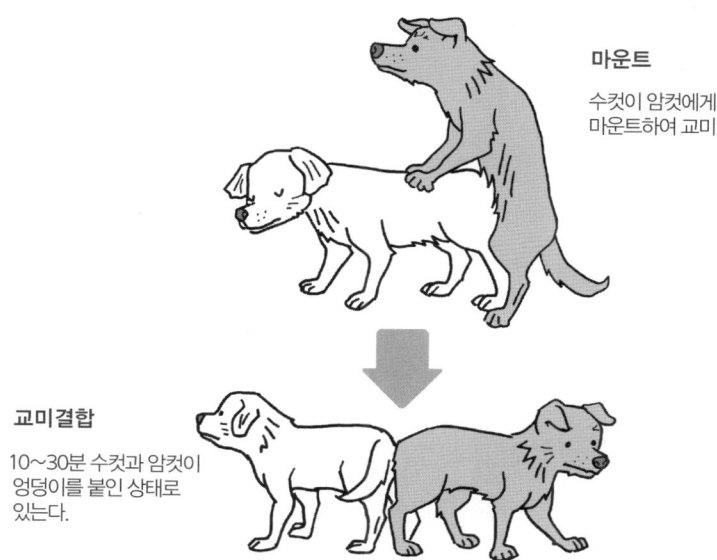

된다. 이것을 '교미결합'이라고 부른다. 수컷의 사정이 끝난 후 이 교미결합을 하지 않으면 임신 확률이 낮아지므로 반드시 확인한다. 이 상태는 10~30분 정도 지속되므로 절대 놀라게 하지 말고 지켜본다. 특히 암컷이 놀라서 뛰어다니면 수컷이 질질 끌리게 된다.

마지막으로 강아지의 혈통서를 신청할 경우에는 제3자의 입회와 함께 교배시의 사진이 필요할 수 있으므로 반드시 촬영해둔다.

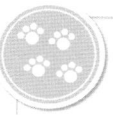 발정기 때마다 가상 임신을 일으키는 암컷이 있다. 가상 임신은 자궁에 스트레스를 준다. 이것이 반복되면 자궁축농증을 일으키기 쉽다고 한다. 이런 경우는 번식을 포기하고 중성화수술을 하는 것이 좋다.

수컷과 암컷 5

개의 임신 기간은 9주
수정란 착상까지 세심한 주의

안아 올릴 때는 복부에 닿지 않도록

교배가 잘 되더라도 반드시 임신하는 것은 아니다. 특히 수정란이 자궁에 착상하기까지의 3주 동안은 몸에 임신의 징후가 전혀 나타나지 않고 행동이나 입맛에도 변화가 없기 때문에 방심하기 쉽다. 하지만 착상되지 않은 수정란은 매우 불안정한 상태이기 때문에 심한 놀이 등은 피하고 산책 정도로 만족한다. 또한 이 시기에는 목욕도 피한다.

자궁에 수정란이 착상되면 임신 중기에 들어간다. 굳이 병원에 가지 않아도 식욕과 체중의 변화로도 판단할 수 있다. 먼저, 수정란이 자궁에 착상하면 식욕이 떨어진다. 이는 사람의 '입덧'과 같다. 또한 임신에 성공하면 이때부터 체중이 늘기 시작하므로 교배 후 매일 체중을 재본다. 비교적 안정된 시기이므로 이때는 목욕을 시켜도 괜찮다. 다만, 그 단계에서도 수정란이 자궁에 흡수되어 유산될 수 있으므로 아직 안심할 수 없다. 이상한 변화를 느끼면 병원에서 초음파검사를 받게 한다.

교배 후 7주가 지나면 임신 후기에 들어간다. 태아가 급격히 성장하므로 배가 크게 부풀어오른다. 따라서 배를 계단 등의 턱에 부딪치지 않도록 주의한다. 안아 올릴 때도 배에 닿지 않도록 한다.

뱃속의 새끼들에게 영양을 공급하기 위해 식욕은 왕성해지지만 위가 압박된 상태이므로 한번에 먹는 양은 줄어든다. 먹다 남겨도 먹이는 늘 주던 대로 준다. 위와 함께 방광도 압박되어 볼일을 보는 횟수도 늘어나므로 평소 이상으로 화장실은 깨끗하게 관리해준다.

 임신 40일이 지나면 X-레이에서도 태아의 모습을 확인할 수 있다. 초음파 검사보다 해상도가 높은 이미지를 얻을 수 있으므로 출산 예정일을 예측할 수 있다. 이때 사용하는 X-레이 양은 모태에도 태아에게도 악영향을 주지 않으니 걱정할 필요없다.

제 5 장 / 수컷과 암컷의 행동학

수컷과 암컷 6

출산이 가까워지면
골판지 산실 만들기

출산 시에 해줘야 하는 것

임신 말기에 접어들면 점점 식욕은 왕성해지지만 교배 후 9주째가 다가오면 갑자기 식욕이 떨어진다. 똥이 물러지기 시작하면 출산이 아주 가까우므로 준비가 필요하다.

우선 산실을 준비한다. 골판지라도 좋으니 사방이 막힌 방을 만든다. 크기는 좌우, 길이가 몸 크기의 두 배 정도. 높이는 태어난 강아지가 뛰어 나오지 않도록 15~20센티 정도로 한다. 산실 안에는 흡수 효과가 뛰어난 신문지를 작게 찢어 넣어둔다. 산실은 조용하고 아늑한 장소로 침실 등에 두고 출산 전에 미리 산실에 익숙해지게 한다.

갓 태어난 강아지는 양수로 젖어 있으므로 그것을 닦아낼 수 있도록 깨끗한 수건도 몇 장 준비한다. 탯줄은 어미가 물어서 끊는 것이 일반적인데 끝까지 물어서 끊지 않을 때를 대비해 소독한 가위, 그리고 탯줄을 자른 후에 지혈할 무명실도 준비한다.

여러 마리를 키우고 있는 경우에는 임신한 개를 격리한다. 진통이 시작되고 첫 번째 강아지를 출산할 때까지 30분~1시간 정도 걸리므로 초조해 하지 않는다. 새끼 강아지가 태어나면 어미 개는 강아지가 싸여져

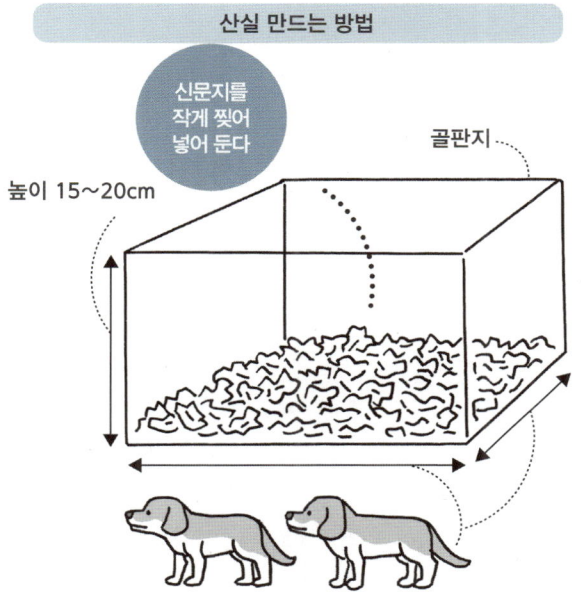

있는 자루를 찢고 탯줄을 끝까지 씹는다. 자루가 찢어지지 않으면 강아지가 질식해버리므로 금방 찢어서 수건으로 얼굴을 닦는다.

두 번째 이후의 강아지는 10~30분 간격으로 나오지만 거꾸로 있는 강아지는 산도에 걸려서 나오기 어려운 경우가 있다. 이 경우는 깨끗한 수건으로 강아지를 감싸고 신중하게 잡아당겨서 꺼낸다. 만약 10분 이상이 지나도 나오지 않을 경우는 얼른 수의사에게 데려간다.

혈통서가 딸린 어미 개에서 새끼가 태어나면 혈통서를 신청하는 것이 일반적이다. 혈통서의 정식명칭은 '국제공인 혈통증명서'라고 하며 세계애견연맹(FCI, Federation Cynologique Internationale), 아시아애견연맹(AKU, Asia Kennel Union) 등이 유명하다. 우리나라에는 한국애견연맹(KKF, Korea Kennel Federation), 한국애견협회(KKC, Korean Kennel Club)가 있다.

수컷과 암컷 7

입회인이 있어야
혈통서 발행

지인끼리나 커플견일 경우 사전에 입회인을 선정하자

어느 정도 개를 키우다 보면 많은 사람이 애완견의 새끼를 원한다고 한다. 그렇지만 살아 있는 동물이기 때문에 원한다고 해서 곧바로 얻을 수 있는 것은 아니다. 우선, 교배 상대가 있어야 한다. 한 쌍으로 키우고 있다면 그럴 필요가 없지만 수컷만 키우는 경우에는 같은 품종을 키우고 있는 지인과, 암컷만 키우고 있는 경우에는 지인이나 브리더에게 의뢰하는 것이 일반적이다. 단, 브리더에게 의뢰할 경우에는 비용이 발생하며 상대 개의 혈통에 따라 금액에 차이가 난다.

교배 비용을 지불하는 대신 태어난 새끼를 분양하는 방법도 있다. 이 경우는 새끼가 한 마리밖에 태어나지 않았을 경우나 임신하지 못했을 경우에는 어떻게 할 것인지 미리 정해둬야 한다. 반드시 교배 전에 브리더와 계약서를 교환하자.

교배 상대를 선택할 때에는 태어나는 강아지의 행복을 고려하여 혈통뿐만 아니라 유전성 질환의 유무도 반드시 확인한다. 또 교배가 처음인 경우는 연상이고 경험이 풍부한 상대 개를 선택하면 성공률이 높아진다.

교배 상대가 결정되면 수컷이 있는 곳으로 암컷을 데리고 가는 것이 일반적이다. 주의할 점은 서로 혈통서가 딸린 개라도 교배할 때 제3자가 입회하지 않으면 태어난 새끼에게 혈통서가 발행되지 않는다는 것이다. 상대가 브리더라면 걱정 없겠지만 지인끼리나 자신이 키우고 있는 커플 견일 경우에는 사전에 입회인을 미리 알아봐두는 것이 좋다.

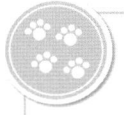 소형견은 한 번에 2마리 전후밖에 새끼를 낳지 않지만 대형견 중에는 10마리 이상 낳는 것도 있다. 대부분의 암캐는 유방을 5개 가지고 있는데, 그것은 개가 원래 다산했던 증거다.

수컷과 암컷 8

강아지를 고르는
간단한 성격 분별법

키우는 방법으로 선택하다

키우는 개를 어디서 데려왔는지 물으면 아마 애견숍이나 브리더에게 분양받았다는 사람이 가장 많을 것이다. 강아지를 선택할 때 어떤 기준이 있는가? 모두 귀엽기만 한 그 많은 강아지 중에서 한 마리를 고른다는 것은 힘든 선택이다. 그래서 정이 들까봐 너무 오래 보지 않는다는 사람도 있다. 하지만 이제부터 오랜 시간 함께 살아갈 것을 생각하면 여러 마리의 개를 보고 자신에게 맞는 성격의 애완견을 선택해야 한다.

개의 성격도 각양각색 한 마리 한 마리 다 다르다. 강아지를 살펴보고 있자면 반드시 넉살 좋게 앞으로 나오는 강아지가 있다. 적극적이어서 좋지만 주인을 독점하고 싶어하는 성격이다. 그렇기 때문에 이미 다른 개를 키우고 있거나, 여러 마리를 키울 예정이라면 적합하지 않다. 다만, 주인을 지키려는 마음이 강해서 좋은 경비견이나 경호원이 되어 줄 가능성이 있다.

활동적이고 초면인 사람에게도 뛰어가는 개는 밝고 외향적인 성격이다. 여가활동이나 산책 등을 함께할 상대로 개를 키운다면 알맞다. 또 지인들의 방문이 잦은 집에서도 이런 개라면 낯가림 없이 잘 적응한다. 반

면에 번견(집을 지키거나 망을 보는 개)으로 키우면 외향적인 성격 탓에 첫 대면인 도둑도 잘 따르게 되므로 적합하지 않다. 또, 지나치게 건강해서 고령자나 어린이에게는 버거울 수도 있다.

다른 강아지가 당신과 장난치고 있는 것을 멀리서 보고 있는 개는 신중하고 얌전한 성격이다. 머리도 좋아서 키우기가 쉬운 개다. 처음으로 개를 키우는 경우라면 이런 개를 선택해야 큰 어려움이 없다.

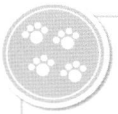 개의 성격은 개의 품종에 따라서도 다르다. 예를 들면, 레트리버나 푸들 등은 놀기 좋아해서 외향적인 성격이며 시바견과 테리어, 셰퍼드 등은 경계심이 크기 때문에 우수한 번견(사역견)이다. 체중이 90kg이나 되는 세인트 버나드는 의외로 얌전한 성격이다.

수컷과 암컷 9

강아지를 데려오면
반드시 사회화 교육을 시킨다

적절한 예절교육을 하지 않으면 문제가

개뿐만 아니라 동물의 새끼를 보면 무심결에 미소가 번진다. 이는 인간을 포함한 모든 포유류 뇌에 "아기는 귀엽다"라는 본능이 각인되어 있기 때문이라고 한다. 하지만 아무리 귀여워도 지나치게 응석받이로 키워서는 안 된다. 아직 제대로 걷지도 못하는 강아지를 데려왔을 때에는 특히 주의가 필요하다.

"세 살 버릇 여든까지 간다"는 속담처럼 개의 성격은 생후 2~12주 사이에 결정된다. 이 기간을 '사회화기'라고 부르며 적절한 예절교육을 하지 않으면 나중에 문제행동을 일으키게 된다. 사회화기는 세 가지로 더 세분화된다. 제1기는 생후 2~4주. 눈이나 귀를 사용할 수 있고, 걸을 수 있게 될 때다. 할 수 있으면 다른 강아지와 같이 놀게 한다. 그렇게 함으로써 자신이 개임을 이해시킨다.

제2기인 생후 4~7주에도 같은 연령의 강아지와 놀게 하는 것이 중요하다. 호기심이 발달한 개는 다른 개와 장난치고, 물고, 서로 달려든다. 이 과정에서 다른 개와의 소통방법을 배운다. 성견 중에 다른 개들과 잘 어울리지 못하는 경우가 있는데, 그것은 이 시기에 다른 개와 노는 기회

가 없었거나 지나치게 적었기 때문이다.

　제3기는 생후 7~12주. 고양이 등 다른 동물과 함께 키우고 싶다면 이 시기까지 접촉시켜야 한다. '사회화기'를 지나버리면 뇌가 유연함을 잃고 다른 동물을 받아들이기 어려워지기 때문이다. 또한 낯을 가리지 않게 하고 싶으면 이 시기에 많은 사람과 어울리도록 한다.

 '사회화기'에는 다른 개와 어울리는 것이 중요하지만 백신 접종 전에 다수의 개와의 접촉은 위험하다. 백신 접종을 해도 강아지의 면역력은 성견 만큼 강하지 않다. 친구나 지인 등이 키우고 있는 백신 접종 경력이 명확한 개하고만 어울리도록 한다.

수컷과 암컷 10

반항기를 방치하면
자신을 보스로 착각

"앉아"는 엉덩이를 눌러서

사회화기를 순조롭게 넘기고 꽤 점잖아졌다고 느꼈을 때 갑자기 반려견이 말을 듣지 않는 시기가 찾아온다. 막 배우기 시작한 "앉아"나 "손"의 명령을 따르지 않고 모른 척한다. 머리를 쓰다듬어 주려고 하면 손을 물려고 하고 특히, 어린아이나 여성에게 반항이나 공격을 하는 경우가 많다. 주인으로서는 물린 통증보다 우리 개가 잘못된 게 아닌가 불안이 앞설 것이다.

이런 태도의 급변은 생후 4~7개월까지 일어나는 경우가 많고, 사람의 어린이에게 보여지는 반항기와 같은 것이다. 대부분의 개에게서 나타나는 성장과정이므로 크게 걱정할 필요는 없다. 다만, 이때 대응을 잘못하면 그 후 문제행동을 일으키게 되므로 주의한다.

개는 서열관계가 엄격한 동물이다. 하지만 새끼 강아지는 아직 자신이 어떤 위치에 있는지 잘 모른다. 그래서 이런 반항을 하고, 그것이 어디까지 용인되는지를 확인하여 자신의 위치를 알리고 하는 것이다.

집단 안에서 모든 반항이 용인되는 것은 보스뿐이다. 즉, 반항기의 강아지가 반항하는 것을 용서해버리면 개는 자신이 보스라고 믿어버린다.

이러한 착각을 시키지 않으려면 이 시기에 절대 복종을 요구해야 한다. "앉아"라고 명령해도 앉지 않을 경우에는 엉덩이를 누르고 억지로 앉게 한다. 하지만 앉지 않는다고 몇 번이나 "앉아"라고 말하는 것만으로는 역효과가 난다. 어디까지나 한 번의 명령으로 말을 듣게 한다. 이렇게 해서 반항은 용서되지 않는다는 것을 철저히 가르치고 주인이 보스라는 것을 인정시키는 것이다.

개가 자신의 위치를 알리고 할 경우 먼저 가장 힘이 약할 것 같은 사람을 향해 간다. 즉, 어린이가 있는 가정에서는 어린이, 어린이가 없는 가정에서는 여성에게 공격을 가하게 된다. 이때도 주인이 엄격하게 꾸짖지 않으면 안 된다.

수컷과 암컷 11

수컷 중성화수술의
장단점

체중이 증가하면 칼로리에 주의

발정기에 교배할 수 없게 되면 수컷에게는 대단한 스트레스다. 새끼를 낳을 예정이 없다면 중성화수술을 시키는 것이 개에게도 좋다. 수컷의 중성화수술은 고환(정소)을 제거하는 방식으로 이루어진다. 고환을 잃으면 남성호르몬이 분비되지 않기 때문에 당연히 마음이나 행동, 몸 등에 변화가 나타난다.

우선 성격이 얌전해진다. 다른 개에게 공격적이었던 것이 사라지니까 산책중의 트러블에 시달리던 주인으로서는 감사한 변화다. 수술 후에도 성격 변화가 없다고 느끼는 보호자도 있겠으나 이는 사람을 대하는 성격만을 보고 있기 때문이다. 무뚝뚝하던 개가 갑자기 상냥해지는 것이 아니라 어디까지나 다른 수컷에 대한 성격이 바뀌는 것뿐이다. 너무 큰 기대는 말자.

또한 마킹을 기억하기 전에 거세를 했을 경우에는 마킹 행동을 하지 않을 가능성이 굉장히 크다. 이미 마킹을 기억하는 경우에는 그 확률이 반이하로 줄어버리므로 어차피 거세를 예정하고 있다면 생후 6개월 전후에 수술하는 것이 좋다.

 중성화수술을 하면 병에 덜 걸린다는 장점도 있다. 특히 전립선 비대나 디스크, 항문 주변에 암이 걸릴 일이 없고, 수명도 3~5년 정도 늘어나는 경우가 많다. 다만 중성화수술을 하면 대부분의 개가 체중이 증가한다. 10kg 가까이 살찌는 개도 있으므로 주의한다. 이는 상대적으로 여성호르몬의 활동이 강해졌기 때문에 일어나는 현상으로 근본적인 대책은 없다. 칼로리 조절을 잘해 비만을 막도록 한다.

수컷 중성화수술의 비용은 개의 크기에 따라 다르다. 수컷의 경우 일반적으로 10~20만원 정도의 수술비가 들며, 이는 검사비나 입원비 등은 포함하지 않은 경우다.

수컷과 암컷 12

암컷 중성화 수술의 장단점

병 예방이 되는 장점도

암컷은 한 해에 두 번 찾아오는 발정기에 정서가 불안정해질 수가 있다. 애완견이 발정기에 괴로워하는 모습을 더 이상 지켜볼 수 없다면 중성화수술을 고려해봐야 한다. 암컷의 중성화수술은 암컷의 배를 절개해서 난소와 자궁을 모두 적출하는 방식으로 이루어진다. 몸에 상당한 부담이 되는 큰 수술이지만 새끼를 낳을 예정이 없다면 원치 않는 임신을 피하기 위해서라도 해야 한다.

수술에 적합한 시기는 수컷과 마찬가지로 생후 6개월 전후이다. 예전에는 한 번 출산을 한 뒤에 하는 것이 바람직하다고 했던 적도 있지만 현재는 근거가 없는 속설로 여겨지고 있다.

중성화수술을 한 암컷에게 성격이나 행동에 변화가 나타날 수 있다. 암컷임에도 불구하고 마운팅이나 마킹과 같은 행동을 하거나 다른 개에게 공격성이 보이기도 한다. 이는 중성화수술로 호르몬 균형이 급격하게 붕괴되고 일시적으로 남성호르몬의 영향이 강해져서 일어나는 현상이다. 호르몬 불균형이 점차 안정되면 이런 행동도 없어지므로 지나치게 걱정할 필요는 없다.

중성화수술을 한 암컷이 일시적으로 마운팅이나 마킹을 하는 경우가 있다

    중성화수술에는 각종 질병을 예방할 수 있다는 장점도 있다. 자궁과 난소를 적출해버려서 고령의 암캐가 걸리기 쉬운 자궁축농증에 대한 걱정도 사라지고 유선(=젖샘)의 염증이나 암의 발병률도 크게 저하된다.

    단점으로는 고령이 되고 나서 요실금을 일으킬 수도 있다. 단, 이것은 중성화수술을 받은 암컷 1000마리에 대해 1마리 이하의 비율로 호르몬제를 투여함으로써 치료할 수 있으니 안심해도 된다.

 암컷의 중성화수술은 개복하여 적출하기 때문에 수컷보다 비용이 좀더 든다. 개의 크기에 따라 차이가 있지만 일반적으로 20~30만원 정도이며 암컷은 1~2일 정도 입원이 필요하다.

수컷과 암컷 13

수컷이 한쪽 다리를 올리지 못하면, 하반신 건강 이상 신호

사실 꽤 괴로운 포즈

앞에서 "수컷도 웅크리고 앉아 소변을 보도록 가르칠 수 있다"라고 소개했지만 특별한 교육도 하지 않았는데 어느 사이에 웅크리고 앉아 소변을 보게 되는 경우가 있다. 이는 별로 좋은 징후가 아니다. 하반신의 상태가 그다지 좋지 않다는 신호이기 때문이다.

사람과 마찬가지로 개도 한쪽 다리를 올리는 자세를 취하는 것은 몸에 부담이 된다. 즉, 소변볼 때 한쪽 다리를 올리지 않게 된 것은 이 부담을 견딜 수 없게 됐다는 것이다. 특히 열 살을 넘는 노견에게 그 포즈는 괴로운 것이다.

이러한 "자세 바꾸기"는 여름부터 가을에 걸쳐서 주로 나타난다. 그 이유는 여름의 더위가 노견에게는 힘들까봐 산책 시간이나 거리를 줄인 탓에 근육이 약해졌기 때문이다. 그리고 또 하나는 노견이 되면 더위를 타기 쉬워져서 먹이를 먹는 양이 적어지고, 전신의 근육량이 줄기 때문이다. 그렇다고 해서 갑자기 산책 시간이나 거리를 늘리면 부상을 당할 가능성이 높아진다. 산책 시간과 거리를 조금씩 늘리는 동시에 영양가가 높은 먹이를 주도록 한다.

노견에게 한쪽 다리를 올리는 포즈는 괴롭다

간혹 다리에 병을 앓고 있어서 한쪽 다리를 올리지 못하기도 한다. 다리를 가볍게 마사지해도 싫어할 경우는 관절염이나 류머티즘을 앓고 있을 가능성이 높으므로 병원에 데리고 간다.

또한 골든 레트리버나 래브라도 레트리버, 독일 셰퍼드 종이 한쪽 다리를 들지 못하게 된 경우는 등의 중앙을 가르는 척수의 말단이 압박을 받고 있을 수 있다. 이 경우에도 병원에서 진단을 받을 필요가 있다.

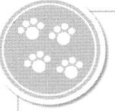 개의 수컷은 한쪽 다리를 올리고 암컷은 웅크려서 소변을 본다고 단정 지어 생각하는 사람이 많은 것 같다. 그러나 생식 능력이 성숙하는 1세 이전에 중성화수술을 하면 수컷도 특별한 교육 없이 웅크려서 소변을 보고, 암컷도 고집이 센 개는 한쪽 다리를 올리는 경우가 있다.

제5장 수컷과 암컷의 행동학

참고자료

「개의 마음을 알면 예의범절은 간단」, 후지이 사토시·저 일본 문예사(日本文芸社) / 「도해 잡학 개의 심리」 다케우치 유카리·감수 나츠메사(ナツメ社) / 「개의 기분을 아는 책」 시바우치 유우코·감수 나츠메사(ナツメ社) / 「꾸짖지 않고, 때리지 않고 애견의 곤란한 행동을 해결하는 「말」의 처방전」, 사토 마나미·저 카와이데쇼보신사(河出書房新社) / 「도해 잡학 개의 행동 정설은 거짓말투성이」, 호리아키라·저 나츠메사(ナツメ社) / 「개의 행동과 심리」 히라이와 요네 키치·저 쓰키지서관(築地書館)/ 「과연! 개의 심리와 행동」 미즈코시 미나·감수 사이토사(西東社) / 「세계 대백과 사전」, 헤이본사(平凡社) / 「개의 행동학」 에베르하르트·톨무라−에베르하르트·톨무라·저/와타나베 타다시·역 중앙공론신사(中央公論新社) / 「세계의 개 도감−인기 품종 베스트 165」 후쿠야마 히데야·감수 신성출판사(新星出版社)/ 「최신 품종 스탠다드 도감」 삼수풍작(芟藪豊作)·감수 학습 연구사(**学習研究社**)

감수
후지이 사토시

All Dog Center 전 견종 훈련학교 책임자. 일본 훈련사 양성 학교 교감. 일본 캐널 클럽 공인 훈련 범사. 일본 경찰견협회공인 일등훈련사. 일본 셰퍼드 견 등록협회 공인사범. 1998년도는 WUSV(독일 셰퍼드 견 세계 연맹)주최 훈련 세계 선수권 대회 일본 대표 팀 주장을 맡아 개인에서 세계 제 8위, 단체에서 세계 3위에 입상. 훈련사를 양성하는 한편, 다양한 국제 훈련 경기 대회에 출전. 애완견의 예절교육이나 문제행동의 교정에도 힘쓰고 있으며, 각지에서 강연 등도 하고 있다. 저서에 '개의 마음을 알면 예절교육은 간단!' '애견, 정말로 곤란했을 때 바로 효과 있는 교육!'(이상 일본 문예사), '훈련견이 주는 작은 기적'(아사히신문 출판), '예절교육의 방법으로 개는 점점 더 현명해진다.'(청춘 출판사)등 다수 있다. 카리스마 훈련사로서 텔레비전 등에서도 활약 중.

OMOSHIROKUTE YOKU WAKARU KETTEIBAN INU NO KIMOCHI
Copyright © Kouunsha 2018 All rights reserved.
First original Japanese edition published by NIHONBUNGEISHA Co.,Ltd. ,
Korean translation rights arranged with NIHONBUNGEISHA Co.,Ltd. through
CREEK&RIVER Co., Ltd. and CREEK & RIVER ENTERTAINMENT CO., Ltd.

이 책의 한국어판 저작권은 크릭앤리버와 크릭앤리버 엔터테인먼트를 통해
저작권자와 독점 계약한 일파소가 소유합니다.
저작권법에 의해 한국내에서 보호를 받는 저작물이므로 무단 전재와 복제를 금합니다.

결정판

재미있고 쉽게 알 수 있는 반려견과의 소통 방법

표정, 몸짓, 행동에서 알 수 있는
106가지 강아지 마음

초판1쇄 인쇄 | 2019년 1월 3일
초판1쇄 발행 | 2019년 1월 7일

감수 후지이 사토시
옮긴이 다윤
일러스트 라쿠다
펴낸이 이동석
펴낸곳 일파소

출판등록 2013년 10월 7일 제2013-000294호
주소 서울 마포구 만리재로 20-5, 4층 (04195)
전화 02-6437-9114 (대표)

e-mail ilpasso@naver.com
ISBN 979-11-959319-9-6(13490)